落穂を拾えば

―地域の一大学教員として―

三浦和尚

創風社出版

まえがき

「落穂拾い」という言葉は、何となく好きな言葉であった。中学時代に美術の教科書でミレーの「落穂拾い」に出会い、その作品の静謐さへの感動を潜在的な記憶として持っている。のちに、「落穂拾い」は、貧しい人たちが何とか生きていくための権利行為であり、地主などが落穂を回収することは認められていなかったということを知った。ミレーの「落穂拾い」は私の中で別の意味づけがなされ、単に静謐な美しさというのではなく、さらに深い情感を感じられるようになった。

本書の表題を「落穂を拾えば」とした。

それは、私が一地方大学の教員として、ここまで二十六年この地で過ごしたこと、そこで国語教育に関する研究や教員養成に従事してきたことを本務とすれば、ここに採録した文章の内容は、基本的には本務外のものであり、あえて言えば「落穂」のようなものに感じられたからである。

しかし、本務はそれなりに大変である。特に授業や研究以外の本務は、神経をすり減らすことがある。だからこそ、本務外の営みは、私らしさが出ていたり、楽しんでやっていたりするところがあり、それはそれで私にとっては愛着のあるものになっている。

「落穂拾い」という言葉には、「落ちこぼれてしまった事柄に、立場が違えば重要なものもあるので見直して対応する」という積極的な意味があるという。私にとってはこれも「私が愛媛という地域で生きてきた姿」という点で、意味のある「落穂」である。

六十五歳の定年を機に、「落穂」を集めてみた。気軽に読んでいただいて、多少なりともおもしろいと思っていただけるところがあるようであれば、一地方大学教員としてこれほどうれしいことはない。

落穂を拾えば

―地域の一大学教員として―

目次

まえがき　1

楽しむ者に如かず　9

四季録　抄　11

米山①出会い　12／米山②病みつき　14／米山③伊予の文化　16
米山④好み　18／米山⑤没後百年展　20／米山⑥百年展回想　22
学芸会　24／節目　26／国民読書年　28／○○ぞな　30
子どもの読書　32／読書好き　34／読み聞かせ①　36
読み聞かせ②　38／ブックスタート　40／肉声の力　42
絵本は絵の本　44／我が身を恥じる　46／あまんきみこさん　48
病気再発か　50／プロの物言い　52／言葉の温かさ　54
モノレールで　56／前方後円墳　58／恥ずかしすぎて　60
感受性の豊かさ　62／俳句甲子園①　64／俳句甲子園②　66
俳句甲子園③　68／俳句甲子園④　70／俳句甲子園⑤　72

俳句甲子園⑥ 74／重陽の節句 76／最初の一言 78
サイン本 80／最終回 82

子育て相談 抄 85

感受性の強い子の育ち 86／勉強で「キレル」子ども 88
父親を拒絶する娘 90／泣き虫で怖がりの長男 92
働こうとしない息子 94／言葉の不明瞭な子 96
二人目の子どもをつくる 98／中学校での勉強と進路 100
滑り台でしか遊ばない子 102／勉強不振の中学生へどう対応 104
あいさつのできない息子たち 106／食物アレルギーの子の就学 108
成績の振るわない中学生 110／友達から無視された中学生 112
ようそをつく中学生 114／甘えん坊で困る末娘 116
早期教育は親の務め？ 118／娘を甘やかしすぎる夫 120
反抗的な中学生 122／おもらしのある小学生 124
勉強に向かわない5年生 126／勉強に向かわない受験生 128

休みがちな中学生　130／ゲーム等で起きない中学生　132
小学校英語活動への対応　134／自室にこもる中学三年生　136
夏休み明けの受験生　138／親離れしない小学1年生　140
忘れ物の多い4年生　142／マイナス思考の子ども　144

「俳句甲子園」と「学校教育」　147

三輪田米山の魅惑　163

文学講座から　177
井伏鱒二「へんろう宿」　178
久保喬の世界―宇和島と太宰と―　181

あとがき　184

落穂を拾えば

―地域の一大学教員として―

楽しむ者に如《し》かず

昨秋、私が会長をさせていただいている「三輪田米山顕彰会」が中心となって、「米山没後百年展」を開催した。

米山は松山の神主で、能書家である。ほぼ独学と言えるその作品は、一見奇異に見えることもあるが、その造形と線の美しさ、力強さは、見るものを圧倒する。

私は、愛媛大学教育学部に勤務することによって米山を知り、米山のすばらしさを感得することとなった。そしてどんどん米山病が重症化し、ついに「百年展」といった事態になったのである。

こういった活動の中では、色々な人が本当に色々なことを言ってくださる。その中で少しこたえたのは、「米山のことをよく知りもしないものが旗を振っている」といった物言いであった。

確かに、私は国語教育の専門家ではあっても、書道の専門家ではない。年賀状の宛名くらいは筆で書くが、書家ではない。「素人」と言われれば、確かにまったく素人である。

そのとき、私の心に生まれた「自己防衛理論」は二つ。「じゃあ、玄人が今まで何をしてくれたのか」「だって好きなんだから仕方ない」という理屈であった。特に私は後者を慰めとした。

私の好きな論語の言葉に「之を知る者は之を好む者に如かず。之を好む者は之を楽しむ者に如かず」がある。「知っている」は「好きだ」にかなわない、「好きだ」は「楽しんでいる」にかなわない、といったところだろう。

私は「好き」という一点で、大それたことをしでかしたのかもしれない。しかし考えてみれば、「好き」「楽しい」は行動の原点であり、モチベーションそのものである。

さて、私たちは学びの原点として、学習者に「好きだ」という気持ちを保証しているだろうか、心から「楽しい」と思える学びにしているだろうか。

「好き」「楽しい」が、人間を本当に動かす力となるという認識を、日々の指導の姿勢として失いたくないと思う。

「愛媛文教月報」二〇〇九年五月号巻頭言

四季録　抄

米山①　出会い

伊予の地に三輪田米山という書家がいた。一八二一（文政四）年、伊予松山の日尾八幡神社神主三輪田清敏の長男として生まれ、一九〇八（明治四一）年に没した、伊予の神主である。昨年が、没後百年にあたる年であり、「没後百年展」も、場所、内容、主催は異なるが二度ほど開催されたので、耳目に覚えのある方もおられよう。

昨年十一月から十二月にかけて椿神社で開かれた「米山没後百年展」は、二〇〇七年二月に発足した「三輪田米山顕彰会」が中心になって企画したものなので、私もその一員として深くかかわらせていただいた。

私は、十八年前に広島から松山に来るまで、実は「三輪田米山」の名前を知ってはいなかった。書は好きで、年賀状の宛名を筆で書くくらいのことはするが、もちろん私は書道家ではなく、その専門的知識は持ち合わせていなかっただけである（今でも全国的には米山は「知る人ぞ知る」という状態かもしれない）。

記憶をたどれば、松山に来てしばらくのころ、日尾八幡神社の前を通って、その注連石《しめいし》の文字（鳥舞・魚躍）を見たときに、「へんてこな字だなあ」という印象を持ったことがあるような気がする。それは偶然の遭遇であり、書についてその程度の目しかもっていなかったという証明でもある。

私が三輪田米山を明確に意識したのは、そういったころ、愛媛大学教育学部の書道の教員であった冨田一抱先生に米山の存在を教えていただいたときである。しかしそのころ、私は駆け出しの国語教育学の研究者で、その日その日の自分のことで精一杯。米山に深く立ち入ろうとはしなかった。

冨田先生の後任として松山東高校から愛媛大学教育学部に着任されたのが、菊川國夫先生であった。菊川先生は私のような素人に対しても、耳を傾ける限りは一生懸命に話しかけてくださる先生である。私は菊川先生を通して、米山に触れ、書家であり米山研究者である浅海蘇山先生のことを知ることとなった。そして「へんてこな字」という印象が実は不当なものであることを実感していくこととなる。

（2009年10月29日）

米山② 病みつき

三輪田米山の書は、すっと入っていける人とそうでない人との差が激しい。一見した瞬間に「すごい」と思える人がいる。そういう人は、芸術的感性に優れた人なのであろう。私は「芸術的感性に優れていない人」で、しかもどちらかというと、頼山陽とか日下部鳴鶴とかの整った流麗な字に慣れてきたので、少し入っていくのに時間がかかった。少なくともはじめは、「へんてこな字だ」と感じたのだから。

しかし、米山の字は、次第に病みつきになっていくようなところがある。中毒のような症状を呈してくるのである。

私の場合は、元愛媛大学教授の菊川國夫先生に、しょっちゅう話を伺っているうちに、どうもすごいような気がしてきた、というのが事実のところである。そういう意味では、菊川先生は私の「米山の師」であるとともに、私に「一服盛って中毒にした」張本人でもある。

私が決定的に米山を捉えたのは、椿神社の注連石《しめいし》に彫りこまれた「龍游鳳舞《りゅうゆうほうぶ》」を見たときであった。その力強さ、躍動感、ガツンと打たれたというか、ぶるっと震えたというか、とにかくすごいと思った（どうもこのあたり、表現が平板稚拙である。これでは「おいしい」としか言わないグルメリポーターと一緒ではないか。芸術を表現するのは難しい）。少しずつ盛られていた毒が、ついに臨界点に達して、明確な症状として現れたときである。

その後折々、実物作品を見る機会があり、症状は進む。進んだ一つの原因は、墨の持つ魔力のような気がしている。ある古美術屋さんで「酔月」という字を見たときは、鳥肌が立った。とにかく書作品は、実物を見ないとだめだと思う。実物の墨だからこそ受ける印象というものがある。良寛、芭蕉、子規など、結構きちんとしたいい複製を持ってはいるが（本物がもてる身分ではない）、飾って見るとどうしても物足りない。「複製」だと思ってしまうからばかりではないように感じる。

「へんてこな字」は、「どうしようもなく魅力的な字」になっていった。

（2009年11月5日）

米山③　伊予の文化

書家三輪田米山を世に出したのは、関西の実業家、山本發次郎である。山本は、画家佐伯祐三の発掘等で著名な美術収集家であるが、米山を「あの明月、良寛、寂厳、慈雲らに劣らない、あるいはどうかすると大字においてはこの四者にも勝り、格においては慈雲に次ぐものではないか」(「無名の書聖　三輪田米山」)と賞賛し、自ら米山作品を集めて回った。

山本が戦前に集めたものは、惜しくも空襲により灰燼と化したが、戦後再び収集しなおし、そのコレクションは今、大阪市立近代美術館設立準備室に蔵せられている。この膨大で良質なコレクションが、愛媛の地に縁を結べなかったことは、本当に残念なことである。

山本の集め方は、よいものにはいくらでも出し、良くないと思ったものは見向きもしないというものだったらしい。事実、米山の作品には、ずいぶん出来不出来があるように思われる。それに「にせもの」が混ざるのだから、ややこしい。

米山を「日本の書芸術」の世界に引きずり出したのは山本であり、山本の収集に触発されて伊予の地でも米山を「郷土の書家」以上に評価する雰囲気が生まれたと思われる。

しかし、私がふしぎに思うのは、そういった時期以前から、伊予の人々が米山の作品を求めていたということである。現実には、米山の書は、ある地域にはいくらでもあったようである。納屋に放り込んで置いたらネズミに食われていたとか、一抱えもあったので燃やしてしまったといった話はよく聞く。涙もよだれも出る話であるが、それほどに、米山に書いてもらっていたのである。

家に招いて、お酒でもてなし、お酒が回ってくるまで墨を家人にすらせ、やっと筆を持ったといった話もよく聞く。

また、言うまでもなく、伊予一円にある神社の注連石《しめいし》等の揮毫のおびただしさ。

これらはつまるところ、当時の伊予の地の人たちが、米山の書のすばらしさを認識していたということである。一見「へんてこな字」をきちんと評価する伊予の文化の質の高さに、原爆ですべてを失った広島から来た人間は、驚くほかはない。


（２００９年11月12日）

米山④　好み

昨年、椿神社での「米山没後百年展」開催の準備として、展示作品を選定することとなった。米山顕彰会の会員の中から、書家あるいは研究者として米山作品を見続けてきた方五名に集まっていただき、その合意で選定するということとした。また、そのうちの一人でもにせものの可能性を感じた人がいれば、その作品は展示しないこととした。

私もその場で選考過程に立ち会ったのだが、その選考の難しいこと。素人の私は、これほどの人たちが判断するのだから、だいたい一致するものかと思っていたが、そんなことはない。あるレベルを超えたものに対しては、あえて言えば「好み」のようなものが色濃く出てくる。

私が観察するに、いかにも酔っ払って書いたという感じの豪快なものを好むタイプと、おとなしくて品がある作品を好むタイプに大きく分かれる。前者の方は二、三文字の作品の評価が高い。後者の方は古典作品のにおいが残ることをよしとしているように感じた。

こういう傾向は、米山を語るときに付いて回る。

前後不覚まで酔っ払って書いたものの方が面白い、という人がいる。本当に米山の作品の中には、墨が飛び散ったり垂れたりして、どうなっているのかわからないようなものもあり、「へんてこな」の域を飛び越しているとも思うが、それを面白いと思う人もいるのである。

また、極端には、酒を飲んで書いたようなものは好きにはなれない、酒を飲んで書くとは何事かという人もいる。「書作」を「道」として考えておられるようなずいぶんまじめな方なのかもしれない。

私は、酒を飲んで書いて何が悪い、と思っている。中国書道の張旭、詩の李白、絵のユトリロ、太宰治、北原白秋、皆酒とは縁の切れない芸術家である。芸術と酒はときとして一体化するとは言うものの、私はあまりに変化の激しい米山作品には付いていけないことがある。どちらかというと、落ち着いて品があるものの方に好みが向かいだした。

何もかも中途半端で「ほどほど」の人間には、ほどほどのものが理解しやすいのかもしれない。

（２００９年12月３日）

米山⑤　没後百年展

昨年の十一月末から十六日間、三輪田米山顕彰会が中心となって「米山没後百年展」を開く事ができた。本当にたくさんの方々にご協力をいただいた。

まずは会場を提供してくださった椿神社。資金的な面で愛媛県神社庁ほか、多くの地元の主要企業の方々にご援助をいただいた。書道用品店の方も、作品の運搬に汗を流してくださった。こういった動きがなければ、開催そのものが不可能だったと言っていい。愛媛大学図書館での『米山日記の世界』とのコラボレーションも、得がたい成果を収めたように思われる。

さらに、作品を快く提供していただいた所蔵者の方々。どこかにまとまってある作品を持ってくるというのではなく、一点一点お借りするのであるから、その担当者の手間は大変なものだったが、好意的に対応していただくことができた。結果として、書作品だけで百点を優に越える作品数に、幟や拓本、資料など、少なくとも数の上ではこれまでで最高の展覧会にする事ができた。

展覧会を通して、実は、火事だの自動車事故など、何らかの原因で作品が傷んだりすることがいちばん怖かった。それぞれの所蔵者にとっては、先祖から伝わるものであったり、思い入れのある作品だったりするはずで、破損したからといってお金ですっと解決できるようなことではないからである。おかげで展覧会後のトラブルもなく、大いに安堵したところである。

また、米山の作品に偽物が多いというのは周知の事実で、出展作品にそういった疑いがかかることも絶対に避けなければならないことであった。そのあたりのことについては、前回少し触れたが、この点についても悪い評判は立っていないので、胸をなでおろしている。

展覧会のオープニングセレモニーには、加戸守行愛媛県知事、中村時広松山市長、また、三輪田家の三輪田綱丸氏など、たくさんのご来賓にご出席いただくことができた。本当にありがたいことである。さらに、思いがけず女優の浅野温子さんにもご列席いただけたことは、余りにも大きな余福であった。

（２００９年12月10日）

米山⑥　百年展回想

「米山没後百年展」は、結局十六日間を通じて椿神社会場に約五千人、愛媛大学図書館には、シンポジウムの参加者も合わせれば千人を越える入場者があった。

シンポジウムは、はじめは高を括って、百五十人程度の会場を準備していた。ところが、椿神社に来場する人が思ったより多く、他県から席を予約したいという人まで出てきたので、急遽二八〇人収容の会場に変えたのだが、それでも立ち見が出た。うれしい誤算であった。

何よりうれしかったのは、私が会場で接しただけでも、東京、新潟、神奈川、名古屋、大阪、福岡など、全国各地から集まっていただいていたことである。福岡からは、バスを仕立てて来てくださった。日本絵手紙協会会長の小池邦夫氏が、米山を称揚してくださっていることも見逃せない要因となった。ともあれ、三輪田米山の名前がこれほどの人間を集めるのだということを思い知らされた気がする。

しかし、会期中にはいろいろなことがある。

会期中に待機していると、来場者から質問が出たという。「紙が新しくないか」ということであった。作品の紙が新しいということがはっきりしたら、偽物の決定的な証拠になる。私にはもちろんそんな専門的なことは分からない。緊張してその方のところへ向かってお話を聞くと、「紙が不自然に白いが、新しいものではないか」ということであった。その作品は、表具をし直しており、そのときに表具屋さんで紙を白く仕立て直してもらっていたのであった。今はそういう技術が発達しているが、やりすぎると不自然な白さになる。

そういうことをご説明すると、すぐに納得してくださったが、瞬間、冷や汗が出たことである。そんなこと、あんなこと、思い出せばきりがないが、専従スタッフがいない状態で、仕事を抱えながら準備や当日の会場管理に奔走してくださった方々の苦労は並大抵ではない。

「これだけの展覧会をしてもらえば、米山さんも満足しておられよう」

来場者のこの言葉で、私達の苦労はすべて報われたかのようであった。

（２００９年12月17日）

学芸会

私の本業は肩書きにもあるとおりで、大学では国語教育の担当である。少し教育に関係したことも書かねばなるまい。

幼稚園での発表会に向かう親子の姿を映した自動車のコマーシャルがある。若い夫婦が桃太郎に扮した子どもをせかして、「主役なんだから」と会場に向かう。遅れてはいけないと急いでいくのだが、始まってみると舞台には何人もの桃太郎が並んでおり、「えっ、みんな主役？」と若い夫婦が驚くところで終わる。

運動会などで「順位をつけない」ということがはやったことがある。今でも全くそういう指導がないわけではない。このコマーシャルも、そういった風潮を受けたものであろう。あるいは、自分の子どもを主役にしてもらわないと気がすまない保護者への配慮（対策）として、そのような事態が生じているという側面もある。

順番や優劣をつけないことを、激しく非難する人は多い。その理由は、競争してこそ力を発揮するとか、大きくなったら競争の中で生きていかないといけないとか、そのほか色々あろう。保護者のクレーム対策という視点は置いておくとして、私自身は、順番や優劣をつけないことに、それほど否定的ではない。場合によってはそういう指導もある。基本的には、それぞれの子どもが自分の力を出し切ったと思うことができれば、順番などを言わなくてもいいのではないかと思う。しかし無論、「自分の力を出し切ったと思うことができる」ようにすることは、教育としては簡単なことではない。

小学一年のとき、学芸会で、私たちのクラスは「かぐや姫」を演じた。私の役は「家来その二」で、せりふは、かぐや姫のところに行った帝のさきがけで「ごめんください」というだけであった。「家来その一」と声をそろえて言ったような気もする。そして、帝とかぐや姫が家で話をしている間、外で槍のようなものを持って待っていた。それだけであった。

今の私をご存知の方には信じてもらえないかもしれないが、当時の私はそれでも緊張したし、それだけで十分満足していた。色々な意味で、幸せな時代だったと言うべきであろう。

（２００９年12月24日）

節目

いよいよ大晦日である。こんな日が担当の曜日になるとは、本当に運が悪い。そういえば、この連載は、区切りのはじめ、十月一日に担当が当たっていた。よくよく悪いめぐり合わせである。しかし大晦日であるということは、四季録の担当半年分の半分が過ぎたということでもある。めでたい。

昔、ある学習雑誌の毎月の連載を長くやっていたことがあり、そのときにはもう二度と連載はしないと心に誓った。毎日毎日追いかけられるような切迫感、次のネタを探していつも気が休まらない、区切りのないつらさ。しかし、愚人は懲りないのです、人の迷惑顧みず。

そのときそのときの区切りは、来し方を振り返り、新しい明日を考える機会であり、人をリフレッシュする。そういう意味では、大晦日でも正月でもよいが、区切りは大事である。私も大晦日には「我が家の今年の十大ニュース」を振り返ることにしている。もっとも近頃は、子どももみんな成人し、いささかネタ切れの感はある。

学校における区切りは、入学・卒業・新学年であり、もう少し小さく区切ると、新学期である。諸外国にあわせて、学年始まりを九月にしようという話があるが、わたしは大反対である。あの熱い八月が終わって、やれやれやっと朝夕少し涼しくなったという、心身疲弊しているときに、新学年の希望が語れるか。桜が咲いて一年生という「美しさ」「明るさ」に、私は理屈以前の価値を見出したい。

最近は、学校が三学期制ではなく二学期制になっているところがある。一時の流行は終わって、元の三学期にもどすところが増えているようだが、当然である。一学期が終わっていよいよ夏休み、夏休みが終わっていよいよ二学期、と言えるから「区切り」として機能するのであって、十月に数日休んで、さあ今日から後学期ですと言われたって、だれが新しい希望を持つか。学年二学期制は、学校制度の中の大人の側の事情である。子どもの側から発想されたものではない。

どうも教育について語ると熱くなる。ムキになる。悪い癖である。このせいで脳溢血になったらどうしよう。

（２００９年12月31日）

国民読書年

今年は「国民読書年」である。

といっても、どの程度の人たちに理解されているかは心もとない。

平成二十年六月に衆議院本会議で「国民読書年に関する決議」がなされた。この決議は、まず「文字・活字は、人類が生み出した文明の根源をなす崇高な資産であり、これを受け継ぎ、発展させて心豊かな国民生活と活力あふれる社会の実現に資することは、われわれの重要な責務である」と前置きした後、近年の活字離れ、読書離れに触れた上で、「われわれは『文字・活字文化振興法』の制定から五年目の平成二十二年（西暦二〇一〇年）を新たに『国民読書年』と定め、政官民協力のもと、国をあげてあらゆる努力を重ねることをここに宣言する」とうたい上げている。参議院でも同様の趣旨の決議がなされた。

私自身の読書を問われると、最近は仕事関係のものしか読めない傾向があって恥ずかしい限りで、人のことは言えないが、やはり、若い人たちの読書量は少ない。

昔、高校に勤めていたころ、信じられないくらいの読書量の先輩が何人もおられた。その先生の一人が、「自分たちの時代は『紙・活字』そのものがなかったのだから、逆に本の中毒になったのだ」と言っておられたことをよく覚えている。活字一つを大切にしてむさぼるように読むという習慣ができていたように思われる。その世代の人から比べれば、明確に私の世代の読書量は少ない。

何もない時代ではない。いろいろやらないといけないことが多くなっている。パソコンも使いこなすし、リズムの難しい歌も歌える、あまつさえ踊りさえする、そういう「能力」の総量から言えば、決して今の人たちが劣っているわけではないのかもしれない、とも思う。しかし、人間としての「教養」ということばが古びていないとすれば、その点で寂しい気持ちになるのを否定できないのも事実であろう。

「学校読書調査」などによれば、ここ数年は、「朝の読書」などの実施の影響か、子どもたちの読書は増える傾向にある。さらに「国をあげてあらゆる努力を重ねること」を切に期待するところである。

（２０１０年１月７日）

○○ぞな

暮れにテレビドラマ「坂の上の雲」が放映された。司馬遼太郎自身が映像化に積極的ではなかったというこの小説のドラマ化に、若干の危惧を抱きながら視聴したが、なかなか面白かった。役者もいいし、何よりもきちんと金をかけて丁寧に制作している。さすが、というべきか。せりふも面白い。「だんだん」「ぞな」「がいな」などのことばが耳に残って印象的である。「だんだん」は、いいことばだと思った。

このドラマの二回目を見た翌日、私は、車を運転していて思わず「危ないぞな」と口走った自分を発見して、妙におかしかった。

私は以前にも記したと思うが、広島の出身である。広島の方言が抜けないことにはいささかの自負を持っている。今は東京での会議などが多いので、「伊予弁に影響された広島なまりの共通語」という、へんてこなことばを駆使して、東京人と戦っている。

だから当然、伊予弁が多少出てもおかしくはないのだが、しかしさすがに「ぞな」はあるまい。使ったことなどこれまでないし、第一、この地で「ぞな」を使っている人自体が今は少ないだろう。学生で「ぞな」を使うのをきいたことはない。

唐突に話が変わるが、ずっと以前中国で、紹興酒がとてもおいしかったので買って帰ったのだが、日本で飲んでみたらそれほどでもないということを経験した。沖縄のオリオンビールも少しそれに近かった。缶ビールを六缶提げて帰るのは、ずいぶんな苦労だったのに、である。

考えるに、やはり風土というものがあるのだろう。その土地の空気、その土地の匂い、その土地の食べ物、そういったものが複雑に作用しあって、紹興酒もオリオンビールもきっとおいしかったのだ。

広島に住んだままでは、「坂の上の雲」を見ても、おそらく「危ないぞな」と口には出なかったのではないか。松山に住み、松山の風や匂いの中で、松山のことばに接しているからこそ、使ったこともない「ぞな」が自然に口をついて出たのだろう。

いずれ「広島弁の影を残した伊予なまりの共通語」となるのだろうか。

（2010年1月14日）

子どもの読書

先に、今年は「国民読書年」であると記した。これから読書についての様々な活動が展開されることであろう。

昨年末に、「子ども読書推進ネットワーク会議」なる会議に出席させていただいた。「読み聞かせ」や「ブックトーク」をしてくださっている人、学校図書館支援に入っている人、学校の読書推進の関係者など、さまざまな形で子ども達の読書にかかわる人たちが集まって、読書を推進しようというものである。

私も、子どもの読書の推進に関心を持っている一人として認めていただいているとしたら、ありがたいことである。

この活動は、松山市教育委員会が事業として進めているものであり、来る二月十九日（金）には、松山市総合コミュニティセンターで、「第四回子ども読書活動推進ネットワーク交流研究集会」が開かれることとなっている。当日は、読み聞かせなどの実演や、活動報告・研究発表が行われる予定で、児童文学作家、村中李衣さんも講演講師として来られるので楽しみにしている。

年末の会議の当日、二十人程度の出席者の中で、教育委員会の関係者以外の男性は、私だけであった。それに気がついてみると、女性に囲まれているわけであるから、当然居心地が悪いわけではないが、何か妙な感じになったのも事実である。

私はメンバーとして、私の「口先」が求められているのであり、実務部隊ではない。こういう趣旨の会を実務的に進めていこうとすれば、結果的に日常的に子ども達と活動している女性中心となるということであろう。

しかし、会議のメンバーの皆さんは大変お元気で、熱心である。行政の会議というのは淡々と議事が進むことがよくあるが、そんなことはなかった。様々な提案が出席者からなされて、実に会議らしい会議であった。「口先」だけの私の出番などは必要なかった。その場にいる人たちがお互いをよく知り、ネットワークが出来上がっていることも、頼もしい限りであった。

そんな人たちが交流研究集会の準備に奔走してくださっており、二月十九日が楽しみである。が、果たして男性参加者はいかばかりであろうか。

（2010年1月21日）

読書好き

国語教育の関係で仕事をしているので、時々、お父さん、お母さんの立場から「うちの子は本を読まないけれども、どうしたらいいでしょうか」といった質問を受けることがある。学校関係者からも、子どもたちが……と、同様の質問を受ける。

困ったことである。何が困ったといって、私にとってはそういう事態が困ったことでもあるのだが、いくらかの解答の可能性はあるにしても、特効薬が明確には示せないことがむしろ困ったことである。「そんなことでどうする」と、どこかからお叱りの声が聞こえるような気がするが、たぶん本当に言われているのであろう。つらいことである。

私自身、小さいころはそんなに本を読む子ではなかった。兄は、小学校の図書館の本を全部読んだのではないかと言われたくらい読んでいたが、私は違った。したがって……と勉強の出来、不出来の話に持って行くことは避ける。

中学二年の冬に、姉が、「和ちゃんは（私にもそんな風に呼ばれる少年時代があったのだ）

これを面白いと思うと思うよ」と言って渡してくれたのが、太宰治の「人間失格」だった。良くも悪くも、はまってしまった。

今私がこういう仕事をしていることの、すべての始まりはここであった。「人間失格」を面白いと思うはずだと見抜いた姉の慧眼と言うべきか。

読書指導では、「適時適書」ということが言われる。人と本との出会いは、最適なタイミングで最適な内容がかみ合う必要があるということである。いくら優れた内容でも、その人の中にそれを求めるものがなかったら、心に届いていかない。「適時適書」で本にめぐり合うことができた人は、本を読むようになるだろう。私も、「人間失格」以降は少しは読むようになった。

ではどうしたら「適時適書」で本にめぐり合うことができるか。それが問題である。しかし、それは、私のような幸運に恵まれるか、たくさん読んでいくかしかない。ではどうしたらたくさん読むことができるか。

ああ、この意味のない堂々巡り。私はまだこの堂々巡りから抜け出せていない。「そんなことでどうする！」

（２０１０年１月28日）

読み聞かせ①

本を読む習慣をつけるための特効薬はないが、手立てそのものが全くないわけではない。「読み聞かせ」は、最も有力な方法であろう。ただし「私はうんと読み聞かせたのに、子どもは本を読まない」と言う人も沢山いる。やはり特効薬ではないのである。

「読み聞かせ」は、特に上手に読んでやる必要はない。下手だからとしり込みするようなことでもない。上手でないとできないなどと考えたら、昔、囲炉裏端で昔話を聞かせたおばあちゃんたちの立場がない。むしろ、大人の感覚で妙に子どもにこびるような読み方をしたり、いかにも教育的な匂いをさせて解説したり質問したりする方が、よほどたちが悪い。だから好きになれなくなるということはないか。

「まつやま子ども読書活動推進計画」では、幼児期の読書を「ふれあいの読書期」と位置づけている。ちなみに、小学校期は「ひろがりの読書期」、中学校以上は「ふかまりの読書期」である。

「ふれあいの」というのは、読み聞かせの場で、子どもと大人、そして本の内容とがふれあうということである。それは、本をはさんで、大人と子どもが触れ合い、楽しみましょう、という意味である。

とりわけ、大人と子どもがふれあい、子どもが本を楽しむと同時に、大人に守られているという実感を持つことは、幼児期には大切である。幼稚園などでは、先生に読んでもらうとき、園児たちが「みんな一緒」という感覚を持つことも大切だと思われる。

昨年度の「学校読書調査」によれば、教師から本を読んでもらうことについて、「好きだった」と、「まあまあ好きだった」とをあわせると、小学生で89.6％、中学生で78.2％、高校生で88.5％という数字が挙がっている。考えようによっては、驚異的な数字である。教師の読み聞かせにおいてこの数字であるから、お母さん、お父さんたちになるといかばかりか。そのこと自体に自信を持って、家族の大人総動員で読み聞かせてもいいのではないか。

読み聞かせは、余計なことを考えず、子どもとのふれあいだと割り切って、大人も楽しむような時間になればと思う。

（2010年2月4日）

読み聞かせ②

心理学から児童文学の世界に入った、作家の村中李衣さんは、「読み聞かせ」ではなく「読み合い」ということを提唱している。一人が読んで聞かせるというスタンスではなく、二人が対等に本を読み合う。そこには、本の内容に仲立ちされた、心の通いあいが生まれ、お互いが心を浄化させることになるという。

実際にその境地に入ることができるかどうかは別として、少なくとも、そんな気持ちで、大人として読み聞かせをするのがよいのではないかと思う。

しかし現実に親としては、なかなかゆとりをもって読んでやることができない。同等の一体感という感じにはならない。

私自身、読んでやりましたと胸を張って言えるほどではない。仕事で疲れて帰って就寝時に読んでやるのは、苦痛に感じることがあった。その日にやらないといけない仕事がまだあるのに、と思ってしまう。余裕をもって読み聞かせたとは、口が裂けても言えない。

場合によっては、子どもと一緒に寝てしまう。そのこと自体は罪ではなかろうが、夜中の仕事が待っているだけである。そのことを喜びとは思えなかった。今考えると、もう少し何とかしてやればよかったと思うばかりである。

本当にいけなかったのは、毎日同じ本を持ってくるので、今日は別なのにしろとか、主人公が失敗したところで、わざと名前をわが子の名前に換えて、からかうような読み方をしたことである。

子どもは、飽きるまで読んで、その本の内容を体に溜め込む。ことばも自分のものにする。どうせいつかは卒業するのだから、読んでくれと言う限り、飽きるまで読んでやる方がいいのである。

ところが大人の方が先に飽きてしまう。いろいろなものを読んだ方がいいのかとも考えて、別のものを持ってこいと言う。あるいは、飽きて物語を改変する。

子どもは、知っている物語が知っているように展開し、その中に身を浸すことに快感を覚えているのだから、話を変えてはいけない。私もしょっちゅうそれをやって、子どもに叱られた。知らなかったとは言え、これらは本当に罪なことであった。

（２０１０年２月11日）

ブックスタート

去る二月十九日、松山市総合コミュニティセンターで「第4回　まつやま子ども読書推進ネットワーク交流研究集会」が開催された。

内容は、「活動報告・実演発表」と「講演」で、百人を超える人々が集まり、熱気のあふれる会であった。

活動報告は、松山市立清水小学校の図書館活動から、施設・設備の整備や「ころころの会」の読み聞かせなどの活動が報告された。きれいな図書室で、子どもたちの楽しそうな顔が目に浮かぶ。

もう一つの活動報告は、「えひめおはなしネット」の「中・高生のためのおはなしボランティア養成講座」。中・高生をおはなしボランティアとして「養成」するのだという、長期的視点に立ったすごい発想である。

実演は、「朗読サークルなでしこ」のお話（読み聞かせ）と、「夢・紙芝居事業実行委員会」

による「正岡子規」の紙芝居。読み聞かせは会場から笑いも生まれ、子どもはもちろん、大人でも楽しめるものだということがよく分かった。正岡子規の紙芝居は話としてはどの場面も知っているのに、展開構成が実に巧みで、子規の最期はジーンと来た。

これらの純粋な心に支えられた活動や、そういう活動に従事している人達と関わることができるのは、本当に楽しい。

それにしても、こういった熱意を目の当たりにするにつけ、松山で「ブックスタート」が実施されていないことが、残念でならない。

「ブックスタート」は、0歳児健診などの機会に、すべての赤ちゃんと保護者にメッセージを伝えながら、絵本を手渡す運動である。「愛媛県子ども読書活動推進計画」にも、その実施がうたわれており、今、県内の相当数の市町で実施されているものである。

赤ちゃんと保護者が、本をはさんで心をつなぐ。赤ちゃんには本が読めないなどと言ってはいけない。美しい言葉と、それを読んでくれる大人の優しい声は、必ず赤ちゃんの心の奥に響いて、世界への信頼を育てるに違いないのだから。

「ブックスタート」は、子どもの心の育ちを確かに支える、きわめて有効な具体策である。

【注記】２０１５年より、松山市においてもブックスタート事業が開始された。

（２０１０年３月18日）

肉声の力

去る二月十九日の、「第4回　まつやま子ども読書推進ネットワーク交流研究集会」の話の続き。

こういった会であるから、参加してくださるのは主婦の方が多いのは仕方がないというか当然である。とするとまた、会場にお子さんと一緒に参加されているお母さんがおられるのも、当然である。お子さん連れだと少し気になるところもあろうが、遠慮せず連れて来られたらいいと思う。みんな通った道である。

当日も、数人のお子さんが会場に来ていた。

会が進んで、「朗読サークルなでしこ」のお話（読み聞かせ）が始まったころ、一人のお子さんの声が会場に聞こえてきた。何を話しているのかは分からないが、ぐずっているわけではないような気がした。

私はそういったことが気になる方ではない。飛行機などの乗り物で泣く赤ちゃんがいても、我慢できるほうである。だれもが通った道だから。

ただ、その会場でのお子さんの声は、どうも、読み聞かせが始まったことをきっかけに聞こえだしたとしか、私には思えなかった。

読み聞かせの前は、「えひめおはなしネット」の「中・高生のためのおはなしボランティア養成講座」の活動報告である。

思うに、お子さんは、読み聞かせの声に反応したのではないか。

もちろん、「えひめおはなしネット」の吉見さんのご報告は、お話しぶりも美しく、きちんとした内容で、私たちの耳には実に心地よいお話であった。しかし当然、子どもに向けて発せられた言葉ではなかった。

子どもは、大人へ向けての言葉を、自分とは関係ないものとしてうまく聞き流していたのではないか。それが、読み聞かせという子どもへ向けての言葉になったとたんに、自分の居場所と感じることができ、反応して自分の言葉を発し始めたのではないかと思われた。

肉声おそるべし、である。声の力とは、このようなものなのである。学校の先生方、お願いですからCDなど使わず、先生の肉声でお話を子どもに届けてやってください。上手い下手の問題ではないのです。人間の声で育つものがあるのです。


（2010年3月25日）

絵本は絵の本

ご迷惑ながら、もう半年雑文へのおつきあいを。

不明を恥じるが、私は以前「絵本」は、「絵のある本」だと思っていた。本来はことばで語るべきところを、子どもが小さくて十分に読めないので、絵を添えてあるのだと思っていたのである。だから、字が読めるようになるにつれて、絵が少なくなる。結果として「挿し絵」になるのだと考えていた。

とんでもない話であった。

「絵本」は「絵の本」である。考え方とすればむしろ、「絵にことばが添えてあることがある本」と言う方が正しいのかもしれない。

「絵本」は、絵がメインディッシュである。それに対して、絵本でない本は、当然、ことばがメインディッシュになる。

そのように見てみると、小さな子どもは字が読めないのだから、早くから本を与える必要はない……などと言う人は今どきいないと思うが、そういう考え方が間違っていることがよく分かる。子どもは絵で楽しむし、それにことばが添えられることで世界を豊かにする。だから、一緒に絵を見ながら、「白いブーブー」「ワンワン好き」「おいしそう」「よかったね」など、子どものことばを引き出せばいいのである。

それは、子どもと大人が世界を共有することである。そのことで子どもは安心してその世界に浸ることができる。さらには、大人と共有することで、世界に対する安心感や信頼感を得ることもできる。

そういう絵本とのふれあいが、物語的な世界の豊かさを享受するとともに、ことばを育て、大人との安定した関係を築くことにつながっていく。むしろ、絵本を媒介にして大人と子どもが触れ合い、子どもが大人への信頼を肌で感じ取ることのほうが、絵本の効果としては大きいかもしれない。

小さな子どもに絵本を与えるのは、賢い子に育てようなどという小賢しい考えではなく、人間としての心の基盤を作ることなのだと考えるべきであろう。知識として考えさえしなければ、子どもと本を楽しむことが早すぎることはない。ブックスタートの制度の広がりを望むゆえんでもある。

（2010年4月1日）

我が身を恥じる

以前に児童文学作家のあまんきみこさんとご一緒させていただいたことがある。

ことの始まりは、愛媛大学教育学部の付属幼稚園・小学校の研究大会での講演をお願いしたことである。自分ひとりでしゃべるのではなく、だれか対談相手があるのであれば引き受けましょう、ということで、私との対談が実現した。

私はあまんさんの作品、とりわけ教科書にもある「きつねのおきゃくさま」「おにたのぼうし」が大好きで、大学での授業にも使っているくらいである。今でも、これらの作品を声に出して読むと、ジーンときてしまう。

対談や夜の食事の会で親しくお話しさせていただいて、私が感じたことは「なんでこのお年まで、こんなにきれいな心のままで生きてくることができたのであろう」ということであった。当時すでに還暦は過ぎておられた（先生失礼、お許しを）。

こちらの話を丁寧に聞いて、誠実にお答えくださる。あるいは静かに語りかけてくださる。

そこにはひとかけらも打算とかおもわくといった感じはなかった。私などは、なんとかいい話を引き出そうとか、これをきっかけにお知り合いになれたらうれしいだのその他もろもろ、おもわくのかたまりのような姿で接していたから、一緒にいるだけで何か自分がとても心の汚れた恥ずかしい人間に思えてくる。

すみません、私は四六時中、ろくでもない、人には言えないようなことばかり考えて生きております。「我が身を恥じる」といった思いはいつものことだが、これは初めての感覚であった。

先だって児童文学作家の村中李衣さんにお会いした。お会いするのは三度目であるが、そのときもあまんきみこさんにお会いしたときに似た感じを受けた。

こういった純粋さがあるからこそ、子どもへ向けた文学が創れるのだろうか。こういった純粋さがあれば、世の中はうまく渡っていけるのだろうか。世間からは、たとえば学校教員のこの種の純粋さは、「世間知らず」で片づけられる傾向にあるのではないか。

心の汚れた人間は、あれやこれや考えるばかりである。

（２０１０年４月８日）

あまんきみこさん

実在の方について語るのは、いろいろ当たり障りが出てきて書きにくいものであるが、児童文学作家のあまんきみこさんについて、先週に続きもう少しつづらせていただく。

あまんさんのご著書の奥付の著者紹介には、必ず「旧満州生まれ」と記されている。「中華人民共和国の東北部」とは記されない。あまんさんは、「私が生まれたのは、中華人民共和国ではなく、満州です。実は『旧満州』という言い方もしっくりはきません」とおっしゃる。

それはつまり、自分が生まれた時代や場所の状況は、「満州」という言い方でなくては表すことはできないのだ、単に地図上の地域を示しても仕方ない、ということである。

あまんさんのお父さんは、地位も名誉もある立場で当時の満州に赴任しておられ、後、大連に住むことになる。しかし、あまんさんは、当時の満州、中国の人たちがどのような生活をしていたか、実感がないと言われる。

そのあたりの詳しい話は、ここでは紹介しづらいが、当時の満州や中国で何が起こっていたかについて、知らなかったでは済まされないという思いを語られている。その言葉は、聴いている私もハッと突かれるくらい、強いものであった。

経済的に保障された家庭で、たくさんの家族に見守られながら育った少女が、当時のいろいろな事情や社会の様子を肌で感じていなかったといって、責められるようなことではなかろう。しかし、あまんさんはそのことを、いわば性根の部分に据えておられるように感じられた。

あまんさんの作品には、限りない優しさと、どうしようもないせつなさがにじみ出ることが多いが、『旧満州』という体験と、それらはつながっているのかもしれない。

あまんさんを松山にお迎えして、空港から市内に向かう途中、クロガネモチを見て、「あれは何という木ですか」と尋ねられた。たわわな実が目に付いたらしい。

そういう言葉で会話をつなごうというご配慮であったろう。と同時に、満州や大連の寒いところの、ナナカマドの赤い実を思い出しておられたのかもしれなかった。

（2010年4月15日）

病気再発か

日本シュンランの話。

書くということは恐ろしいもので、書いた以上は人に読まれる。読まれた以上は何かが起こる可能性が生じる。

これまで、四百字詰めの原稿用紙に直せば（古い言い方だなあ）、何千枚という単位の文章を書いてきていると思うが、この四季録のような緊張感は珍しい。

先だって、シュンランの愛培家のSさんからご連絡があり、お会いすることになった。新居浜で規模の大きいシュンラン展が毎年開かれており、とくに用事がない限り毎年行っていたのだが、今年もそこに行くつもりだったので、お約束したのである。

新居浜の展示会は、地域で発掘されたランが多い点で、珍しく、特筆に値する。Sさんのおかげで会場の方に説明もしていただき、ありがたいことであった。こんなとき私は、「今日はお休みの日だ」と自分に確認し、休んでいる自分をうれしく感じることができるのである（まるでワーカーホリックのような)。

Sさんは、ご自宅にお招きくださり、お言葉に甘えてラン舎を見せていただいた。清潔な温室。伸び伸びと美しく育っているランは、葉先の枯れ込み一つない。葉姿を見ているだけでほれぼれとさせられた。

むろん、花も素晴らしい。株立ちで、ぞくっとするような発色である。この色の感覚は、見たことがある人でないとわからないのではないか。朱でも赤でも紅でもない、ねっとりと深みのある色である。実は同じ品種を持っていたのだが、自分にはこんな木姿も花付きも発色も、到底まねはできない。

しかし、その「ぞくっとするような感覚」だけは蘇る。

翌日、東京に行ったとき、ついつい昔通ったランの店に行き、二鉢求めてしまった。ランの鉢を抱えて山手線の電車に乗っている私は、きっとだらしなくにやけていたに違いない。病気再発である。

後日、ご歓待いただいたお礼の手紙を、リキを入れて筆書きしたら、奥様から素晴らしい筆書きのお返事をいただいた。恥じ入るばかりである。

（2010年4月22日）

プロの物言い

先日、東京に行ったついでに鉢植えのシュンランを買い、空路、帰ってくるときの話である。厳重に包んで紙袋に入れたランは、羽田の手荷物検査も慎重に通過させてくれ、やれやれと思いながら搭乗した。ところが、ランの鉢は足元の隙間に入らない。

かといって、横にする気にもならず、頭上の荷物棚に入れる気にもならない気持は、お分かりいただけるかと思う。何しろ大切なランである。

案の定、客室乗務員さんの点検にかかった。

「お客様、お荷物は足元の奥までお入れいただけますか」

「あの、植木鉢なんですが」

「入りませんか」

「ちょっと無理です」

「ここにあると緊急時の脱出通路に障害物があることになりまして、安全が保証できないこ

とになります」（なるほど）

「抱えていてはいけませんか」

「そうすると、お客様ご自身の安全にかかわります」（そうか）

いくらかのやり取りの後、ロッカーに預かってくれるということになった。が、「こういう場合は、もう一席確保していただいて、お荷物をそこに置くことになっています」と付け加えられた。

早い話、ランを持ち帰るのに、座席を二つ用意せよ、ということらしい。今日は満席でそれができないので、特別にロッカーで預かるとのことであった。

ホッとはしながら、正直、この植木鉢を持って帰るのに、もう一席余分な料金を払うのは、喜べないよなあと、複雑な思いに駆られたことである。丁重に対応されていることも、自分が悪いこともわかるが、こちらにちょっとした感情のとげが生じた。

飛行機を降りるとき、乗務員さんのほうから、「大変ご迷惑をおかけいたしました」と言って、ランの紙袋を丁寧に両手で渡してもらった。こんな一言で、感情のとげはすっと消える。

私も「お手数をおかけして申し訳ありませんでした」と素直に言えた。

返ってきたのは、「とんでもございません、お気をつけて」という言葉だった。接客のプロの物言いだと思った。

（２０１０年４月29日）

言葉の温かさ

昔流行したやくざ映画の影響だろうか、広島の言葉は汚いと言われる。当然、そこで生きてきた人間には、そうは感じられない。

しかし、伊予に長く住んで、「伊予弁の影響を受けた広島なまりの標準語」を自認する身となってみると、たまに広島弁を聞くとびっくりする。汚い、というより、強い。

確かに、自分ではそれほどのことだと思っていないのに、相手には強く感じられる物言いをするらしい。はっきり言い切らないと気がすまないということもあろう。そのあたりは、若干の地域的な気質の問題もある。

やさしい言葉、温かい言葉、思いやりのあることばを求める気持ちはあるが、実行は難しい。

ずいぶん前に、青森に行ったときのことである。太宰治の故郷金木から、津軽半島を目指し、半島の最北端の宿に泊まったが、すさまじい風の音である。「ヒュルリー、ヒュルリララ」という、森昌子の「越冬つばめ」を思い出した。一人旅の旅情である。さみしさも旅のいろどりであろう。

宿の夕食は食堂で食べる形で、私は熱燗を一本注文した。中年というのは失礼なくらいの女の人が、徳利を持って、「一杯だけお注ぎします。すみませんが、人手がないものですからあとはご自分でよろしくお願いします」と言って、本当に一杯だけお酒を注いでくれた。むろん、まぎれもない津軽弁である。

なぜかジーンときた。言葉の温かさというのはこういうものかと思った。飾らない、商売の臭いもない、事実も気持ちもその人そのままに伝える。それは、津軽弁という言葉自体の持つ魅力なのかもしれない。しかし、語る人格の問題でもあることは明白であろう。

その言葉を反芻しながら、二杯目、三杯目を自分の杯に注いだ。気持のいいお酒であった。食事を終えて帰るとき、その女性はわざわざ出口まで来て「ありがとうございました。明日の朝もここでお待ちしております」と言った。これも温かく、本当に待ってくれているのだと、深く納得できる物言いであった。

風の音のすさまじさと、人の言葉の温かさ。津軽の印象はこれに尽きた。

（2010年5月6日）

モノレールで

東京・羽田に降り立って、いつものようにモノレールに乗った。

ボックスの四人掛けのシートの向かいに、後から二十歳過ぎくらいの若い娘さんが座った。この座席で、若い娘さんと向かい合うと、どこを見ていたらいいのか分からず、ちょっと具合が悪い。

「いい年をしたオジサンがじろじろ私をいやらしい目で見ている」。そんなつもりはないが、そんなに思われるのは嫌だ。

そうこうしているうちに、その娘さんが化粧を始めた。ますます目のやり場に困る。なるほどそういう手順で化けていくのですね。そのうち何やら怪しげなものを取り出して、まつげを挟み始めた。後で聞いたら「ビューラー」というものだそうな。そこまでやるか！

感じの悪い子ではなかった。普通の娘さんと言えばそうである。私は、今どきの子だなあと思いつつ、しかし、オジサンを前に、この距離で化粧ができる感覚を好ましいとは思えなかった。オジサンがここにいるのだぞ。ちょっとは意識しろ！

化粧も一段落したのか、その娘さんは下車の準備を始めた。停車前に、ドアのところに移動する。と、座席の肩にある金具に傘が掛けてあるのに気が付いた。

私は一瞬どうしようかと思った。変に声をかけて「いやらしいオジサン」と思われるのも嫌だ。少なくとも相手は、私とは違う価値観で生きている。躊躇した挙げ句、私はその傘をつかんで、「これ忘れてますよ」と渡しに行った。

瞬間、その娘さんは、ためらいがちな声で「ありがとうございます」と言ったが、すぐに、既に腰かけている私のところまで戻って、「ありがとうございました。この傘は友達に借りていたものなので、本当に助かりました」と、きちんと礼を述べたのである。

確かに、友達に借りた傘をなくしたら、具合が悪かろう。もしかしたら、恋人かもしれない、などと、オジサンはわけのわからないことを考えながら、その娘さんの下車を目で追っていた。

こういう風にきちんとものが言えるなんて、なかなかいい娘さんじゃないか。一言が人柄を示すこともある。


（２０１０年５月13日）

前方後円墳

何年か前のことであるが、飛行機に乗って大阪・伊丹に向かう途中、窓側の席からきれいに外が見えた。高所恐怖症の身でありながら、私はなぜか飛行機は怖くない。眼下の景色を楽しんでいたが、そのうち、大きな前方後円墳が見えた。

飛行機の大阪便で前方後円墳が見えたのは初めてではない。これまでも何度か見ているのに、そのときは突然、「あ、前が方で後が円の墳なんだ」とその意味に急に気付いたのである。

いつもながら恥ずかしい話だが、私は「前方後円墳」という言葉は知り、それがどんな形のものかは、一応知ってはいた。しかし、「前方」が「前の方」ではなく「前が方」であり、「方」が「正方形・長方形」の「方」、つまり「四角」のことだということに、それまで気が付いていなかった。

知っていれば当たり前、知らないということは恐ろしい。

小学校のときの先生は、そのように教えてくださったのだろうとは思うが、何しろ記憶にない。この年まで気がつかずに、急に気がつくというのも、不思議なことである。

しかし私は、それから「前方後円墳」を明確に意識した。

私の場合、また不思議なことに、「方」と「円」と、どちらに埋葬してあるのだろう、という疑問が生まれた。これまでそんなことは考えたこともないのに、である。

学ぶということ、考えるということ、疑問を持つということ、そういったことには、このようなメカニズムが働いているところがあるのではないか。何かがわかることによって、そのことについての次の疑問が生まれるということである。

大学というところは便利なところで、たいていの専門家がいる。たまたまお昼を食べていて、その専門の人と隣になったので、この長年の疑問を尋ねてみたら、「埋葬は『円』の方で、『方』のところはそのアプローチのようなものだ」と丁寧に教えてもらえた（そんなことは自分で調べろ、と天の声）。

よくわかった。が、疑問がこの次に進まないのは、私がその専門に関心が薄いということであろうか。


（2010年5月20日）

恥ずかしすぎて

今はもうほとんど歌われなくなったが、「蛍の光」という卒業式の定番だった歌がある。

「ほたるのひかり、まどのゆき、ふみよむつきひ、かさねつつ、いつしかとしも、すぎのとを、あけてぞけさは、わかれゆく。」

明治十四年に唱歌となった歌だそうだ。

私は長く、その歌の途中「杉の戸」が「過ぎ」との掛け言葉であることに気がつかず、「年が杉の戸をあけるとは、どういうことか」と思い続けていた。それがいつ解決したのかは、恥ずかしすぎて書けない。高校の古典で「掛け言葉」を習ったときには気が付いていないのである。

附属小学校の校長時代、卒業式でこの歌を歌うというので、よほど、この歌詞の意味を子どもたちは理解しているかと聞こうかと思ったが、恥ずかしすぎて聞けなかった。

同じようなことはいくらでもある。思いついたものを書いていたら、ずいぶんなものになるように思うが、例えば、「秋の夕日に照る山もみじ」は、「山もみじが照り輝く」とは思っていなかった。「山もみじ」という単語が自分の中になかったから「山」と「もみじ」が意味として別れていたのである。「山が照り輝いて、そこにもみじがある」のだと思っていた。

また、「夕焼けこやけの赤とんぼ　負われて見たのはいつの日か」（三木露風）の「負われて」は「追われて」だと思い込んでいた。「赤とんぼは、追われて何を見たのだろう」と、ずっと思っていた。

昭和三十五年に井上ひろしによって歌われヒットした、「雨に咲く花」（高橋掬太郎《きくたろう》作詞）という歌がある。

「及ばぬこととあきらめました　だけど恋しい　あの人よ　ままになるなら今一度　ひと目だけでも逢いたいの」

「ママ（母親）になるなら」と理解した私は、それと「ひと目だけでも逢いたい」がどうつながるのか分からなかった。今ならそれなりに解釈は可能かもしれないが、小学生の身で、解決できるはずがない！

いつそれが解決したのか、そんなことがどれくらいあるのか、恥ずかしすぎて書けない。

（2010年5月27日）

感受性の豊かさ

先日、ある実業系の高校で、生徒に読書について話をする機会を得た。

二十年前には中・高校生を教えていたのだから、高校生に話をするくらいなんでもないと思われるが、実際のところはそうでもない。なにしろ、相手も自分も変わっている。呼吸がつかめない。

しかし、教員養成に携わっている以上、児童や生徒を実感として知っていることは大切なことだと思うし、自身の現場感覚をさびつかせたくない思いもある。

その日は、聞きにくるのが希望者だということだったので、無理やり聞かせるというのでない分、気が楽であった。しかし、図書室いっぱいの生徒を目の当たりにすると、そうはいっても頭がまともに整理できない。あちこちする話につきあわされた生徒たちには気の毒であった。

しかし、生徒たちはとてもよく聞いてくれた。ありがたいことである。

読書についての話を一時間、話し続けるのもどうかと思い、私は絵本を持って行った。得意の、あまんきみこさんの「きつねのおきゃくさま」である。

「児童文学といえどもばかにしてはいけない。文学には、自分にはない人生を体験することで、読者自身を発見したり人間の幅を広げたりする力がある」

その例として、「きつねのおきゃくさま」を読んでみた。

ひよこやアヒルやウサギを、太らせてから食べようと世話をしていたキツネは、彼らの感謝のことばに戸惑う。ある日、オオカミが襲ってきたとき、彼らを助けようと猛然と戦い退散させるが、自身は傷ついて、「そのばん。きつねは、はずかしそうにわらってしんだ」という話である。

読み終えて見ると、涙を流して聴いている生徒がいるではないか。以前に小学校一年の児童に読み聞かせたとき、泣いた子どもがいたけれども、高校生が涙を流すとは思っていなかった。なんと豊かな感受性を持った高校生だろう。

後で何人かの生徒と話をした。素直なことばを交わして、気持ちよく帰途についた。今どきの高校生、決して捨てたものではありません。

（2010年6月3日）

俳句甲子園①

今年もまた、俳句甲子園が始まる。

今年はその第十三回にあたり、八月七日に大街道商店街で予選が、八日に松山市総合コミュニティセンターで準決勝・決勝が行われることになっている。高校生の俳句の戦いが、また炎天下に繰り広げられることになる。

改めてこう記してみると、当たり前だが、もう過去に十二回も開催されていたことになる。考えてみれば、高校生のこういったイベントが、こんなに続くこと自体、驚異的である。松山青年会議所を中心とした実行委員会の皆様に感謝するしかない。聞けば、今年、第5回日本イベント大賞という賞を受けているという。名実共に、確固たる社会的認知を得たと言えるかもしれない。

私は、俳句甲子園の始まる前から、夏井いつき氏から「俳句甲子園をやりたい」ということを伺っており、その構想のスケールの大きさに、ちょっとびっくりした記憶がある。氏は極めて純粋に、若者に俳句を届けたい、若者に俳句を身近なものと受け止めてもらいたい、と熱く語っていた。この人の俳句に対する思いは本物だと思った。

思い着いたら実現に突き進むタイプの氏は、おそらく文字通り思い込んで突き進んで、結果として平成十年、第一回の俳句甲子園開催にこぎつけたのである。もう脱帽するしかない。

その第一回俳句甲子園の際、思いがけず審査をせよという依頼か下命かわからないようなお誘いがあって、のこのこと出かけていったのが、私と俳句甲子園の関係の始まりであった。以来十三年、毎年審査委員としてお誘いいただいて、私もこの行事だけは欠かさず参加してきた。

私自身は、高校生が必死に頑張る姿を見るだけでも楽しい。第一、野球などの体育系の大会と違って、文科系でこれほど盛り上がるものはそんなにはないだろう。「言葉」にこんなにこだわる高校生の姿を見ることも少ないだろう。全国に発信する松山のイベントとしてこれほどふさわしいものもないような気がする。しかも、高校生のイベントである。

今年もまた、あの俳句甲子園が始まる。


（２０１０年７月29日）

俳句甲子園②

俳句甲子園の第一回は、確か松山大学のカルフール・ホールで開催されたと記憶している。参加校合計九校、当然地方予選などないし、すべて県内の高校であった。しかも、初めてのイベントであるために、学校によっては参加自体がいろいろと難しかったところもあったらしい。部活動でなく、前例もないということになれば、万一の事故に対する引率の責任など、難しいことがおこるのはよくわかる。

それはともかく、第一回は予想以上に盛り上がり、私たちは、これなら第二回が開催できるとの確信を持つことができた。

優勝は東温高校、準優勝は愛光高校。第二回は愛光が優勝しているから、もしかしたら愛光は、第一回のリベンジに燃えたのかもしれない。少なくとも「負けて悔しい」という思いが生まれるくらいの熱のこもり方はあったのである。

しかし、あえて言えば、「平均値」としての俳句の出来はもう一つであった。今と比べるとさらにその思いは強い。

もちろん、最優秀句の「秋立ちて加藤登紀子が愛歌う」（松山中央高等学校　白石ちひろ）のようなレベルもあるが、素人目にも作品の優劣が明らかと思われるような対戦も少なくなかった。

必ずしも学校に「俳句部」があるわけではなく、好きな生徒が集まってやってくるという場合が多かったから、当然、俳句そのものについての理解が十分でない。したがって、季語が複数入る「季重なり」の句などが堂々と披露されても、それは不思議なことでも責めるようなことでもなかった。

第二回までは県内の高校のみの参加であった。参加校十二校。県外の高校が参加するのは第三回から、県外の高校が初めて優勝するのが第五回の大阪の吹田東高校である。

ちなみに、ついつい書きそびれて失礼したが、この四季録火曜担当の神野紗希氏は、第四回優勝チーム松山東高校の一員で、最優秀句「カンバスの余白八月十五日」の作者である。

この句は、青春のみずみずしさと歴史の深さを重ねることに成功した、歴代の最優秀句の中でもトップランクの作品だと私は思っている。


（２０１０年８月５日）

俳句甲子園③

俳句甲子園にお世話になって、毎年審査員をしていると、周囲の人たちからいろいろと反応がある。

「うれしそうな顔をして旗を上げ下げしていた」といったものは、私に対する親愛の情であろう（と信じている）。確かに楽しそうな顔をしているかもしれない。事実、楽しくないわけでもないが、実はたいそう苦しい。

八月真夏の昼間、大街道のアーケードの下で、何時間も座って俳句についての議論を聞き、責任を持ってその優劣を判断するというのは、ある意味体力勝負である。一日終われば、ぐったりと疲れる。私は一日目だけでお役御免になっているが、二日目まで審査される先生は大変だろう。

「俳句を作っているのか」という質問も多い。実は、作ったことがないとは言わないが、作っているとは言えない。そう答えると、「なぜ審査員なのですか」という質問が続くことがある。

ご本人は責めているというおつもりではないのだろうが、ちょっとズキッと来る。

「俳句の実作と鑑賞は別の才能です」というのは本音だし、俳句甲子園は、選手同士の討論も審査基準に入っているのだから、国語教育に携わる私のような者が審査にあたることも的外れではない。しかも、「高校生」を私は知っているのだ、と思うが、説得力はないかもしれない。

実は初めごろ、ずいぶんそれで苦しい思いをした。慣れていないから自分の判定に自信がない。三人のうち、自分ひとりだけ違う色の旗を挙げたときの「やってしまったかもしれない」という感覚。迷った挙句に旗を挙げたら、二対一の二の方だったとき、自分が反対に挙げていたら勝負が違うものになっていたのだと思うとつらい。できたら他の審査員の判定を先に見たいとさえ思う。

でも今は、自分なりに判定の理由がきちんと言えるということを堅持しつつ、こう思うことにしている。一人だけでも旗を挙げてくれる審査員がいたら、負けた生徒の救いになるのではないか。

全員一致ではなく、二対一の勝負は、高校生への教育的な意味では、望ましい結果なのである。


〔注記〕現在は予選リーグから審査員五名で判定されている。

（2010年8月12日）

俳句甲子園④

今年の俳句甲子園全国大会は、八月七、八日の両日、全国から予選を勝ち抜いた三十四校三十六チームによって戦われた。二十二の都道府県からの参加であるから、いよいよ本格的に「全国大会」という名に恥じない大会となった。

優勝は東京の開成高校。A・B、二チームの参加だが、準決勝で奇しくも同校対決となり、先輩格のAチームが勝ちあがって、見事に決勝戦を制した。

私は偶然、Bチームの予選リーグの審査員になったが、非常にスキのない、整った作品を出してくるのでびっくりした。その後の戦いを見る限り、Aチームも似たような傾向の作風だったように思う。

大会全体の最優秀句は、開成高校Bの青木智君の、

カルデラに湖《うみ》残されし晩夏かな

という句であった。毎年のことであるが、最優秀作品はスケールの大きな句である。カルデラ

の石、岩、湖の水の色、その空、空気、そういったすべてが、「晩夏」という季語で統合されている。カルデラ湖にこんなにぴったり「晩夏」という季語がはまるということ自体が発見のように思われる。

開成高校は進学校である。「超」をつけてもいいくらいの進学校である。これまで、こういうタイプの学校の作品は、「頭で作っている」といった批評をされることが多かった。私も、言葉をもてあそぶと言っては言いすぎだが、言葉の操作で面白がっているような雰囲気を感じたことがあって、少し敬遠気味であった。

今年予選リーグで開成Bと戦った茨城県立下館第一高校は、俳句甲子園の常連だが、生活実感のある俳句で勝負してきている。以前出場した定時制の生徒たちの句は、感動的でさえあった。本音を言えば、私は、少々荒削りだろうと、そういった句の方を好む。

しかし、少なくとも今年の開成は、生活の一場面一瞬をきれいに切り取ろうとすることによって、自身の生活を発見していくような作り方をしてきたように思われる。生活から生まれたというよりは、句作によって生活の真実を発見しようとしているようだ。

ここまでくれば、まいったと言うほかないか。

（2010年8月19日）

俳句甲子園⑤

俳句甲子園もどんどんレベルが上がって、審査員を悩ますようになってきた。

お昼休みに、予選リーグの判定がだいたい一致したと言っておられた審査員もあったから、リーグによって違ったのかもしれない。あるいは、審査員の傾向が、偶然近いものだったのかもしれない。が、私の担当したリーグは、判定がなかなかそろわなかった。

季語や切れ字が重複している、季語のイメージが違う、仮名遣いが間違っているなど決定的な傷があればもちろん判定はそろうのだけれども、昨今の俳句甲子園は、長期間の準備をした挙句に予選を勝ち抜いているだけに、そんなレベルのものは出てこない。一定以上のレベルの句が対決すると、審査員の俳句に対する微妙な力点の差が判定に影響するから、なかなか旗の色がそろうということにならなくなる。

今年の決勝戦は、そのことがあらわになった戦いであったように思う。旗数でいえば、僅差の勝負が多かった。しかしその内実を見ると、10点満点で2点も3点もの差がつき、しかもその差が、審査員によって逆になっているようなことがあった。プロ中のプロが集まってこれほどの評価の違いが出てくるのである。

俳句の審査は難しい。結社であれば、その結社の作風で処理できるところはある程度あるのだろうけれど。

かくして、今年もどちらに旗を上げるか、迷いました、泣きました。他の人になんと言われようと、自分の信じる価値判断によって上げるしかないのです。司会のらくさぶろうさんが、途中で「審査員でなくてよかった」と叫んでおられたけれども、私はその気持ちを背負っているのです。

今回、決勝トーナメントで、五人の審査員の中で一人だけ白い旗を挙げたことがあった。瞬間的には、「やってしまったかな」という感覚である。が、私が反対に挙げていれば、五対ゼロになるだけである。大勢に影響はない。自分の判定の根拠をどれだけきちんと述べられるかどうかだけが問われているだけだ。

私はもちろん、「堂々と」意見を述べた。心臓を一段と小さくして。

（2010年8月19日）

俳句甲子園⑥

しつこく「俳句甲子園⑥」。まだ懲りない。他にネタがない。

俳句甲子園には、実はいまだに賛否がある。「賛」の方は、これまで私が書いてきたことでほぼ尽くされているのかもしれない。若者の俳句への入口になっていること、高校生の文化・文芸・言語に関する活動の感動的な発露の場面になっていること、などであろう。実際、本人達が感動し、見ていて面白いのだから、これ以上言うことはない。

「否」の方の代表は、ディベートの在り方のところだろう。

そうはいっても高校生である。「戦い」となれば「勝ちたい」が前面に出る。ときには感情がたかぶることもある。感情が前面に出た状態で、相手の句を批評、批判するということになれば、多少見苦しいという感じを抱くようなことになるのも、必然であろう。私は、それも含めて高校生だと思っている。

俳句甲子園が始まってしばらくは、そうした場面に遭遇することも少なくなかった。

ただ、「否」の立場をとる方の中には、そもそも俳句を戦いの材料にするのはいかがか、という方がおられる。俳句の世界は、非難しあうような雰囲気にはなじまないということだろう。文芸の本質のところの議論である。

しかし、考えてみれば、句会の場でも、緩やかな競争は起こっている。自分の句が評価されたいという思いを捨てて句会に出ている人も少なかろう。主宰が添削するような句会では、添削そのものが強烈な批評なのであるが、それは「先生」だからいいのであろうか。

高校生が議論するのは、その場ではもちろん勝負という姿であるが、実は、どういう俳句がよくて、どういう表現がまずいのか、人に理解されないのかということを、真剣に、歯に衣着せず、相互に確かめあう場なのである。

なにしろ発展途上の高校生である。こういう形が一番本人たちを真剣に俳句に向き合わせることになるし、俳句について理解を深めていく方法として、明確である。

俳句甲子園のディベートについての批判に対しては、私は逆に「教育的効果」という形で説明可能であると考えている。

（２０１０年９月２日）

重陽の節句

今日九月九日は「重陽の節句」である。めでたい。

なぜめでたいのかというと、中国の陰陽の思想では、奇数が「陽」で、吉祥と考えられるがゆえに、ひとけた最大の奇数である九がかさなる「重陽」だからめでたいのである。

私の感覚では、むしろ奇数の方が「陰」の印象であるが、それはただの印象にすぎない（とちょっとだけこだわってみた）。

旧暦では菊の花が咲く時期なので、菊の節句とも言われる。めでたすぎてかえって不吉とされることもあるらしいが、一月七日の七草、三月三日の桃の節句、五月五日の菖蒲の節句、七月七日の七夕と並ぶ、日本人にも縁の深い節句である。しかし、それらの中では一番おろそかにされているようだ。

思うに、菊の花を飾ったり、菊の花を浮かべて酒を飲んだりといった習慣がなじみにくいのだろう。だいいち新暦では菊の花が一般には咲いていていない。

私が「重陽」という言葉を知ったのは、おそらく高校のとき、杜甫の「登高（高きに登る）」という七言律詩を習ったときであろう。

「風急に天高くして猿嘯《えんしょう》哀《かな》し」

と始まるが、サルの声がこんなにも哀しく思われることは発見であった。

「万里悲秋常に客（旅人）と作《な》り／百年多病独り台に上る」

と、わが身を振り返って、詩は、次のように閉じる。

「潦倒《ろうとう》新たに停《とど》む濁酒の杯（老いた身の楽しみの酒もやめざるをえなくなった）」

九月九日の重陽の節句に、高台に上って菊酒を飲もうと思っても、流浪を続けて老いた身では、その酒も飲めなくなったと嘆いているのである。

ああ、ああ、杜甫の詩はなぜこんなにもせつないのか。文学青年崩れの高校生は、感涙にむせんだ（ちょっとウソをつきました）。

めでたいはずの重陽の節句だからこそ、振り返るわが身のつらさが思われるのであろう。

杜甫は飲めなくなったと言うが、私はまだ大丈夫。今日は重陽の節句を祝おう（世間ではこれを「口実」と言うらしい）。

（２０１０年９月９日）

最初の一言

プロ野球のペナントレースも、いよいよ大詰めになった。今年は一体どこが優勝するのか。クライマックスシリーズがなかったら、もっと盛り上がっていることだろう。

四季録に何を書こうかと家内と話していたら、広島カープのことがまだ書かれてないと言われた。そうだ、広島カープだ。広島生まれの人間は、広島カープファンでなければならない。私は自分の子どもに、野球のことをカープと教えた。「テレビでカープ（野球中継）をやってる」「カープ（野球）して遊ぼうか」といった具合である（すぐばれたが）。

ところが、膨らんでいた期待は今年もはかなくしぼんで、この期に及んでいまさらカープでもあるまい。毎年のことだとは言え、情けないことである。

ところで、野球中継を見ていると、その解説の人の表現の多様さが面白い。選手の心理に立ち入る人、感想だけしゃべる人、作戦について詳しく批評する人、とうとうと自説を述べ続ける人、などなど。

ただ耳障りなのは、否定的にしかものを言わない人である。

「(アナ) 今のヒットはきれいでしたね」

「(解説) いや、あのくらいのへなちょこ球だったら、普通ならホームランですよ」

「(アナ) ライナーをぎりぎりでよく捕球しました」

「(解説) スタートが遅れてぎりぎりになっただけですから」

そんなやり取りが続くと、だんだん嫌になる。もっと楽しく見せてくれ。

「よくとりましたね。スタートが少し遅れたように見えたので大丈夫かと思ったんですが、最後よく飛び付きました」などと言ってくれれば、結果的に同じ情報でも、受け止め方が違うのに。

日常生活でも会話の反応を「そうだね」から始める人と、「いや」「そうじゃなくて」といった否定的な言葉から始める人がいる。よく話してみると、大して違わないようなことも多い。後者はやはり感じは悪い。体質と言うべきか。

私も余裕がなくなったときは、「いや」で始めているような気がする。言葉の達人にはなかなかなれない。


（2010年9月16日）

サイン本

ある程度の間隔で、本屋さんを回る。一軒に二時間くらいいることもある。腰が痛くなる。本が好きでその場から離れられない、というのではない。たいていは仕事である。とはいっても、研究に必要な本は、本屋さんで探すようなものではなく、注文して取り寄せるものがほとんどであるから、そのために本屋さんの通路をうろうろすることはあまりない。

最近の本屋回りの目的は、国語の教科書の教材探しである。教科書を改訂するのに、新しい教材が欲しいのだ。

しかし、教材探しは難しい。まず一定以下の長さ。これが最大の難関である。その次には、人権的な配慮、学習への配慮、子どもの発達への適合性。早い話、子どもが読んでいやな思いをするようなものはダメだということである。

この間、江國香織さんが谷川俊太郎さんから十五歳のころのことを聞き取ってまとめたものを見つけ、これはいけると喜んだのだが、読んでいくととても使えるものにはならなかった。

御両人が悪いわけでも、内容が面白くないわけでもない。ただ、谷川さんらしくあまりに生々しすぎて、教室に持ち込むことがはばかられた。

そんなことは買って帰ってからでも起こる。使える可能性はあると思って、時間もないので何冊か買って帰るのだが、使えないことが多い。一年間で一体何冊無駄に買っていることか。

先日、東京で少し時間があったので、大きな本屋に寄ってうろうろしていたら、歌人の穂村弘さんのサイン本があった。短いメッセージも付いている。古本屋さんで買うのと違って、こういう場合は当然「定価」であり、お得感が強い。

私はこれに弱い。二冊しか残っていなかったので、すぐにそれを求めた。しめしめという思いである。読んでみたら面白かった。二度うれしい。

これまでも同様に、川崎洋さんだの工藤直子さんだの、いろんな人のサイン本を入手した。大学生のとき、野坂昭如さんに直接あってサインしてもらって以来である。

果たして老後の楽しみになるか。結構ミーハーである。

（2010年9月23日）

最終回

この四季録も、いよいよ一年間の最終の担当である。

一週間に一回。三六五日を七で割ると、五十二あまり一。そのあまり一が私のところに来たのだ。通算五十三回。うれしいような悲しいような、つらいような。一年間、よくネタが続いたものである。自分で自分をほめてやりたい。

五十三回を通して、一度も締め切りに遅れたことはなかった。これもほめてやりたい。これも全くの自己満足である。他の原稿で締め切りに遅れたことがないわけではないが、締め切りは守るようにしている。

余計なことだが、私のささやかな夢の一つに、ホテルに缶詰めにされて、隣の部屋で編集者が私の原稿を待っている、という状況がある。「先生、まだですか、できた原稿だけでもいただきたいんですけれど」などと言われながら、私は一生懸命原稿を書いている。担当の若い女性編集者が、「先生、お茶でもいれましょうか」と言って、ちょっと意地悪い感じで進み具合を確認に来る。

ああ、いいなあ。

そんなことをある出版社の編集の子に話したら、「先生、書いてもらえるならそれくらいしますよ」と言われた。夢が覚めた。そんな苦しい状況にわざわざ自分を置いこむことはない。とは思いながら、ちょっとあこがれる。私が作家だったら……。

もう一つこだわったのは、一回の分量を一定にするということだった。同じ行数でいつも書く。これは辛かった。私は求められた標準字数の範囲で、11字×78行に設定し、その行数ちょうどで書き続けた。パソコンの設定の関係で結果的に一行くらいは増減したことがあるかもしれないが、その程度である。

行をそろえるためにどこを削るか。その過程で、ずいぶん書き直すこともあった。文章修行としては、いい機会を与えていただいたものだと思う。

しかし、ともかく最終回。これまで我慢して読んで下さった方々に感謝するほかあるまい。いろいろな感想や情報を下さった方にも、紙面を借りて御礼申し上げる。

一年間、拙文にお付き合いいただき、ありがとうございました。

（２０１０年９月30日）

子育て相談　抄

感受性の強い子の育ち

【質問】

昨年11月に2歳になった息子は、夜、何度も目を覚まします。ちょっとなだめるとすぐに寝ますが、抱っこしたりお茶を飲ませてやらないと寝ないこともあります。特に夏は毎日です。息子はとても活動的で好奇心おう盛、表情も豊かですが、生まれたころからあまり寝ないので、苦労はしました。

保健師さんに相談したところ、感受性の強い子どもだと言われましたが、感受性の強い子どもって、何なのでしょうか？　また、感受性の強い子どもを育てるには、どんなことに気をつけたらよいのでしょうか？

【答え】

夜ぐっすり寝てくれる子は、本当に助かります。逆に、寝ない子は大変です。そういう意味で、少し気になるということはよくわかります。

感受性が強いというのは、あなたの説明を受けて、保健師さんが医学的な説明として言われたのではなく、一般的な子どもの見方として言われたものでしょう。ですから、それは、慎重な子だとか、甘えん坊だとかいうのと同じことです。

感受性が強いということは、外からの刺激に強く反応する性質を持っているということです。感受性が強いという言い方を、感受性が豊か、感性が鋭いというふうに置き換えてみましょう。いかがですか。反対だとどうですか。

お子さんは、外からの刺激に強く反応することができ、結果として好奇心も旺盛で、その好奇心にまかせて元気いっぱい遊んでいるのではありませんか。だとすれば、大変有望なお子さんかもしれません。

夜中に泣いたら、大変でしょうが、じっと抱いていてあげてください。親御さんが抱いていてくれる、その安心感があれば、子どもは感受性の強さをよりよい方向に発展させていくでしょう。

（２００５年２月24日号）

勉強で「キレル」子ども

【質問】

長男は、来春実施される私立中学試験合格を目指して勉強しています。学年でも常に上位の成績を維持していますので、自然と期待をしてしまいます。毎日、学習塾で勉強していると、心身ともに疲れてくるのか、突然キレルことがあります。物を投げたり、「お母さんなんか死んでしまえ」とわめいたりします。友達と一緒に遊んだり、運動したりして気分転換を図ってほしいと思うのですが、体を動かすことが嫌いなので、それもしません。キレルくらいなら、受験勉強なんかやめさせようかとも思うこともありますが、15歳の春に泣いた自分自身の姿を思い出すと、やはり息子には合格してもらいたいと思ってしまいます。「子どもの将来のため」と言いながら、自分の果たせなかった夢を実現したいと思っているのかもしれません。良きアドバイスをお願いします。

【答え】　子ども自身がつらいのです

個人差は大きいのですが、男の子が母親に反抗し始める時期です。大人に近づいたという意味では、ご心配になることはありません。一つの発達過程です。ただ、「死んでしまえ」といった言動は、どの子にもあることではありません。

子どもは大なり小なり、親の期待を察知して、そうあろうと考えます。お母さんの経験に基づく期待がお子さんの理不尽な負担になっていることは、たぶん間違いありません。まだ自立していない子どもは、思春期のどうしようもなさをお母さんにぶつけるより他にないのですが、それはむしろ、助けて欲しいという気持ちの表れでもあります。

いい学校に入るためという目的は必ず限界が来ます。「きちんと勉強した結果、あなたが望む進路が開けたらいいね」と、問題を子どもにあずけながら、一歩距離を置いてみてあげることはできませんか。まだまだ子どもです。でも、意外と大人になっているところもあるのですよ。

（２００５年４月21日号）

父親を拒絶する娘

【質問】

女の子は思春期になると父親を嫌うと言いますが、高3の長女の場合は、嫌悪というより憎悪です。父親がくしゃみをする、食事中、音をたてるなどすべてを激しく怒ります。実は夫婦仲がよくありません。言い争い、暴力ではなく、会話がないのです。高校卒業後、県外に進学させるつもりですが、後一年にも満たない受験生の日々をただ心安らかに過ごしてほしいのです。

夫婦で話し合って、とおっしゃいますか？　それができれば「相談コーナー」などいらない。

【答え】　夫婦仲のよさがすべて
かなり挑発的なご質問ですが、こういう相談記事は、同じような悩みを持たれている人たちの参考にするという趣旨がありますから、一般論としてお答えします。

女の子が中学2年ころを中心に父親を否定するのは、精神的に大人の女性となっていく過程であり、自然なことです。

問題はいつ脱却できるかということです。拒絶の時期がなかったという人もいます。順調であれば、高校1年くらいで何とかなるものです。

こういう問題に特効薬はありません。が、父親が必要以上に娘に干渉せず、少し大きく構え、距離を置くことが有効であることは多いと思います。自分の娘を恋人のように思うだけに、逆に娘の世界につい立ち入ってしまうのですね。娘はそれを拒絶する。父親というのは、切ないものです。

また、母親が父親を許容して（愛して）いなければ、母親の分身である娘は、父親を受け入れることはできません。「お父さんは素敵な人なんだよ」と、母親が子どもにメッセージをきちんと送っていれば、ある時期には娘は、コタツでおならをするお父さんでも受け入れるでしょう。

夫婦の話し合いの問題ではありません。あなたが夫を認めているかどうかの問題です。またこれは、受験と絡めるような問題ではありません。娘さんが将来どんな男性とめぐり合うかの問題です。

（２００５年6月23日号）

泣き虫で怖がりの長男

【質問】
３歳の長男はとにかく泣き虫で怖がりです。４月から幼稚園に通っていますが、行事に参加しても泣いてばかり。ビデオも写真も撮らずに終わる始末。虫が怖く、ブランコも一人で乗れず、暗がりが苦手で夜の露天風呂もダメ。自分より小さい女の子におもちゃを取られて泣くし、すぐ抱っこをせがみます。友達とも私が一緒でないと遊べません。ダメだと分かっていますが、私がついつい感情的に叱ってしまうので、それで自分に自信がもてなくなってるのかなとは思います。普段はすごくひょうきんものなので、常にそうあって欲しいと願うのですが、「そのうちに」でしょうか。

【答え】「そのうちに」です。
結論から言うと、逆なでするようですが「そのうちに」です。虫が嫌いとかいったレベルの

「怖がり」のところは、ある意味性格ですから、いつまでも続くかもしれません。でも、中学生にもなって学校で泣いてばかりいる子なんていないのですから、おねしょと同じようなもので、「そのうちに」です。

ただ、あなた自身が気づいておられることも、とても大切な点です。あなた自身が、今のお子さんを肯定的に受け止めることが出来ず、「感情的に叱ってしまう」のですね。そうすると、お子さんは自分を肯定的に捉えることが出来ず、自信を得ることも出来ません。

この時期の子どもの育ちとして大切なことは、むやみに社会にさらすことではなく、自分は世界（周囲）から受け止められている、愛されているという実感を得ることです。それが与えられるのは、まず第一にお母さんなのです。

あなた自身が気づいておられることを、自分で注意していく。そうすると、「そのうちに」が早くなるかもしれませんし、そのときは、お子さんはみんなの人気者になるかもしれません。

（２００５年８月25日号）

働こうとしない息子

【質問】

二男（高3）に卒業後の進路を聞くと、「勉強も就職して働くのもしんどいから何もしたくない」と言って、毎日だらだら過ごしています。昨年大学を卒業した長男も家でぶらぶらしています。

どうして息子たちは働かないのでしょう。大学の同級生だった夫と結婚してからもずっと仕事を続けてきた私には理解できません。両親が働いているから経済的に困らないだろう、という甘い考えがあるのでしょうか。実家の父が「子育ては取り返しがつかないのだから…」と言っていた言葉が思い出されます。今から子育てをやり直すのは遅すぎるでしょうか。

【答え】親が生活を楽しんでいますか

「ニート」ということばがあります。引きこもるわけではなく、「学校卒業後に職探しも通学もしない未婚の若者」のことで、２００３年には約52万人の若者が該当したそうです。

ご相談の息子さんたちも、ニートないしはニート予備軍として、ご心配されているのだろうと思います。

ニートになる原因は一通りではありませんが、傾向としては、まじめな親の期待を背負ったまじめな子どもが、将来像を描けないまま息を切らしてしまうような状況が指摘されています。息子さんたちは、まじめな子どもさんだったのではありませんか。

ご指摘のように、子育てをやり直すことはできません。特効薬もありません。が、ご自分の人生を肯定的に楽しんで、楽しい未来を親として背中で見せることで、前に進む元気を子どもに与えることはできるかもしれません。

人間誰しも将来に対する不安はあり、そういう若者も今のままで過ごせるとは思っていないのです。親としてそれを信じて待つことは大切です。子どもの「今」を否定的に捉える所からは、きっと何も生まれません。


（２００５年10月20日号）

言葉の不明瞭な子

【質問】

もうすぐ3歳になる男児の母親です。言葉が遅く、時々、2語文を話す程度です。意味の分からないことはよくしゃべっていますし、私とはコミュニケーションもきちんとれていますが、ほかの人には言葉の意味が伝わらないようです。聴力には問題がないようです。理解もまずまずできているようですが、心配です。

言葉が話せるようになるためには、どうしてやればよいのでしょうか。病院などへ連れて行って相談すべきでしょうか。

【答え】個人差は大きいです

一般の言葉の発達から言うと、2語文（「ブーブー、来た」など）を話すのは1歳半すぎくらいの時期です。

ただ、男の子は女の子に比べて遅い傾向はありますし、聴力に問題がなく、コミュニケーションも取れているということであれば、必要以上にご心配なさる必要もないかと思います。結論のひとつは、個人差は大きいということです。

意味の分からないことはよくしゃべるということですが、それは例えば「ダ」と「ラ」が区別つかないなど、発音が不明瞭なために分からないのか、そもそも言葉を連ねているとは言えないただの「発音」なのか、そのあたりはいかがでしょう。その判断によっても、見方はずいぶん違います。前者ならおそらく今の段階で特に問題にはなりません。

ゆっくり、ゆったりと話しかけ、きちんと顔を向けて話を最後まで聞いてあげてください。分かった言葉は「うん、○○ね」とゆっくり反復してあげましょう。言葉の発達はそういう毎日の繰り返しでしかありません。聞いて理解できている子どもは、ある時期から急に話し出すこともあります。

ただし、月並みな物言いですが、「ご心配なら専門家にご相談を」。これが二つ目の結論です。それはお母さんの精神衛生上の問題でもあります。

（２００５年12月15日号）

二人目の子どもをつくる

【質問】
　このようなことは夫婦で解決する問題で恥ずかしい悩みなのですが、私は2人目が欲しいという気持ちと2人も育てる自信がないという気持ちで揺れています。3歳になったばかりの長男は元気に生まれ育ってくれてはいますが、割と手間がかかりへとへとです。体力的に2人育てられるか不安です。33歳という年齢を考えると、早く産んだ方が良いと思うのですが、体調不良になると無理かなあとも思ったりします。自信がないまま2児の親になるのは怖い、でも2人目を産まないといずれ後悔しそうな気もするのです。

【答え】子どもがいるのはいいことだと思えませんか
　こういったご相談は学問的にも研究的にもなりにくい話ですね。
　私の母は、4人の子どもを産み育てましたが、私たちが大きくなって、「もう一人くらいつくっておいてもよかった」と言っていました。私はそんなものかと漠然と思いましたが、今そのころの母の年齢になってみると、その気持ちがわかるような気がします。

経験的には、子どもが大きくなったとき、小さい子どもがいる生活の楽しさがよくわかるように思いました。

一般論として言えば、一人お子さんがいらっしゃって、なお産んでもいいとお考えならば、産んだほうがいいように思います。上のお子さんの育ちにとっても、それは悪いことではなさそうです。

ただ、お体のご様子がどれほどのものなのかは、この文面ではわかりませんから、断定的には言えません。

いずれにしても、ご夫婦が望んで生まれる赤ちゃんであって欲しいという意味では、ご主人と話をされるしかないかもしれません。

33歳は、まだお若いと思いますが、いかがでしょう。

（２００６年２月16日号）

中学校での勉強と進路

【質問】

長い間、塾に通い勉強を続けてきた息子が、難関の私立中学に合格しました。親としては、これから大学入試までの6年間、さらに勉強して国立大学医学部に進学してもらいたいと思っています。しかし、塾に行かずに有名中学校に合格した息子の同級生の話を聞くと、息子には実力がないのかもしれないと思えて仕方ありません。

息子に「お母さんの親せきは医者が多いのだから、医者になって見返してほしい」と言うと、「分かった。頑張る」とは答えるのですが、無理かもしれません。中学に入ってからもっと勉強させるには、どうしたらよいでしょうか?

【答え】 **子どもが生きるのは親のため?**

中学の受験合格、おめでとうございます。「這えば立て、立てば歩め」ではありませんが、親というのは悩みも尽きず、因果なものですね。

さて、立場上答えにくいところですが、問題は二つでしかありません。

一つは、今後の進路について、親としてある種のメッセージを子どもに送るのは当然としても、「医者になって見返して欲しい」といった伝え方は、子どもの意思や個性を無視したものだとは思われませんか。最終的には子ども自身が自信を持って選択した進路が、「子ども自身の幸せ」につながるのだと思います。親の言うことを聞く優しい子どもが、大きくなって苦しむ例はいくらでもあります。

二つ目は「実力がないのかもしれない」という点です。勉強することは大切ですが、「ないかもしれない」のであればなおさら、「持っている何か」を活かし育ててやろうと考えるのが普通でしょう。そのことが、結果として医者であれなんであれ、「生きがいとしての進路」につながればいいのだと思います。

机上の空論のように思われるかもしれませんが、生きていくのは子ども自身であり、親は基本的には先に死にます。


（2006年4月13日号）

滑り台でしか遊ばない子

【質問】

娘（4歳）は、公園に行っても滑り台でしか遊びません。娘よりも小さな子どもが遊具で遊んでいるのを見かけたら、「あれして見よう」と誘ってみますが、「怖いから嫌」と言って、滑り台の方へ行ってしまいます。自転車にもブランコにも乗れません。身体的にどこか悪いところがあるのでしょうか？　それとも本当に怖いと臆病になっているのでしょうか？

【答え】　偏るのか、極めるのか

いろいろな体験をして、人間として幅を広げて欲しいと思うのは、親として当然の願いでしょう。運動にしても、小さいころは一つに限定するのではなく、いろいろな動きを体験させたいと思います。

しかし一方、一つのことに集中できること、一つのことを極めようという姿勢が大切だと言われたら、これからの個性の時代、それもそうだと思われませんか。

お子さんは、一つのことをずっと突き詰め、極めていく力があるのです。

そして大切なことは、大人が見て同じことを繰り返しているに過ぎないと思っても、小さい子どもは、そこに何かの違いを見出していることが多いということです。あるいは、こうなるのではないかと予想し、事実そうなることを確かめ、楽しんでいる場合もあります。それらはいずれも大切な育ちの姿です。こういう子は、実は能力が高いことが多いと、経験的に思います。

子どもは、本当に遊び足りたら、必ず別のことをし始めます。心から遊び足りていないのかもしれません。遊び足りないまま別のことをやらせても、そこに育ちは保障されません。「怖い」の半分は、たぶん口実です。

気がすむまで遊ばせてやりましょう。高校生になっても滑り台しかしない女の子なんて、聞いたことがありませんよね。


（2006年6月15日号）

勉強不振の中学生へどう対応

【質問】

長男（中学2年）が小学生のころ、夫と離婚し、仕事と子育ての毎日を送っています。学習障害があるわけではないようですが、小学生のころから息子の成績がかなり悪くて困っています。心身ともに健康になってほしいと思い、小学生のころは運動をさせていましたが、中学生になってからは学習塾にも通わせています。負けず嫌いの私からは考えられない息子の優柔不断な性格は、仕事をしないでふらふらしていた元の夫に似ていると思われます。一生懸命仕事をしている私の背中を見て育てば、きっと勉強してくれるだろうと思っていた考えが甘かったのでしょうか。勉強をさせる方法があれば、教えてください。

【答え】　いいところをまず挙げてみて

母一人子一人の子育て、ましてや男の子の反抗期ですから、毎日のご苦労いかばかりかと思います。「勉強させる方法」があればだれも苦労しないのですが、残念ながらそういう薬はないようです。

「勉強」の行き着くところは結局「考える力」ですから、できるに越したことはありません。しかし、「できるに越したことはない」という言い方ならば、走るのは速いに越したことはない、友達は多いに越したことはない、人のことを思いやることができるに越したことはない、健康であるに越したことはない等々、いくらでも考えられます。「勉強」は、その中の一つなのですね。また、いわゆる「勉強」だけが考える力をつけるわけでもなく、「学」はなくとも「立派な人」はいくらでもいます。

息子さんのいいところを一つずつ挙げてみてください。ささいなこともすべて挙げてみた上で、さて、どこまで勉強ができることを要求されるでしょうか。

この時期に大切なのはむしろ将来への希望やその像を明確にすることだと思います。そこが本当の大人の出番です。勉強をするようになるとすれば、そこからではないでしょうか。

（２００６年８月10日号）

あいさつのできない息子たち

【質問】

数年前から実家で実母と夫、18歳と15歳の息子の5人で暮らしていますが、夫と息子たちが近所の皆さんとうまくお付き合いができません。夫婦2人で出かけるとき、隣の奥さんに会っても夫はあいさつをしません。そんな父親を見て、それが当たり前だと思うのか、息子たちも同じような態度をとります。息子の友達のお母さんから､近所の人が夫や息子たちのことを｢偉そうな」とか「生意気だ」と言っていると聞かされました。わが家に遊びに来る息子の友達のことも「近所の庭に生ゴミやボールを投げ入れるので、先生にお話しなきゃいけない」と言っているそうです。ということは、来春、高校受験を控えている息子も同様に言われている可能性があります。どうすればよいでしょうか。

【答え】 問題を整理して長い目で

いろいろとご心配がひろがっていくことはよく分かりますが、少し整理してみる必要はあると思います。「近所の庭に生ゴミやボールを投げ入れる」ことは、友達のお母さんと相談できるかどうかの問題はありますが、きちんと言い聞かせなくてはならないことです。

今の問題の中心は、あいさつにかかわる近所付き合いのことですね。息子さんたちができないのは、確かにお父さんの影響かもしれませんが、15にも18にもなった男の子が、ある日突然変わるということは期待できないでしょう。

でもそんな人は世の中にいくらでもいるものです。あなた自身が明るく振る舞って、ご近所から親しまれるようであれば、ご一家に対するご近所の見方も変わってくるということはないでしょうか。

あなただけに負担をかけるようなお答えですが、そうすることで息子さんたちも少しずつ変わっていくかもしれません。もちろん、あいさつが大切だというメッセージはさりげなく送り続けて。

（2006年10月5日号）

食物アレルギーの子の就学

【質問】
食物アレルギーの長男（6歳）は、家庭でも保育園でも食事制限を余儀なくされています。最初のころと比べると、少しずつ食べられるものが増えてきてはいますが、何を食べても大丈夫な長女が好きなものを食べているのをうらやましそうに見ている息子の気持ちを考えると、かわいそうで仕方ありません。来春、小学校入学後、学校生活を送る上で気をつけなければならないことがあれば、教えてください。

【答え】 学校と具体的に話し合いを
一口に食物アレルギーと言っても、いろいろな現れ方がありますから、一概には言えないのですが、例えば牛乳、青魚、そばなど、その原因がはっきりしている場合は、比較的対応しやすいと思われます。すでに保育園で対応されているようですから、小学校へ上がられても心配はありません。学校でアレルギーはそんなに特別なことではないので、給食などの配慮は体制ができています。

近頃は栄養士さんもそういう専門性を持っておられますし、養護教諭はもちろん、学校によっては栄養教諭が配置され対応してくれるところもあります。

ただ、場合によってショック症状が出るとか、原因が特定できていない場合であれば、主治医の先生にも相談の上、学校と話し合う必要があるでしょう。また、遠足のお弁当やおやつなど、うかつに交換することなどないように、言い聞かせておくことは必要です。

いずれにしても、きちんと学校・担任と話し合うことですむことです。

問題は子どもの心のケアかもしれませんね。お母さんが一生懸命、アレルギーが出ないよう工夫していることが、何らかの形で伝われば、子どもは子どもなりに、いずれ心の落ち着かせ方は見出すのではないでしょうか。「食べられない」のは、どうしようもないことですから。

（２００６年11月30日号）

成績の振るわない中学生

【質問】

昨年、難関の私立中学に合格した長男の成績がふるいません。学習塾にも行かせていますが、上位になれません。本人なりに頑張っているとは思うのですが、なぜか中の下くらいで止まっています。

私の中学時代を振り返ると、勉強をせずに遊んでばかりいたため、両親の望む進学校は不合格になりました。こんな私が、ヒステリックに「勉強しなさい、勉強しなさい」と言うのは理屈に合わないのですが、何か方法があれば教えてください。これも本人の将来を心配してのことなので、分かってください。

【答え】 親にできることは何でしょう

ご相談の内容は、「自分は勉強しなかったので受験がうまくいかなかった。子どもは本人なりに勉強しているので、難関校に合格したが、そこで親が期待するほど成績はよくない。何か方法があるだろうか。」と言い換えられるでしょうか。

親が「本人なりに頑張っている」と思えるのであれば、本人は相当頑張っています。そういうものです。頑張った上で、今の成績なのです。もしかしたら、頑張り過ぎているかもしれません。

「本人の将来を心配してのこと」というのは、当然ですが、親というのは勉強時間の多少しか考えない傾向があります。本人なりに頑張っているのであれば、勉強の能率を上げるためにどのように息抜きをするか、あるいは生活にメリハリをつけるか、また、勉強の質を高めるための工夫の相談をだれとどのようにするか、そういうことについて一緒に考えたり、支援したりしてあげることが、「親にできること」あるいは「親がすべきこと」なのではないでしょうか。「本人なりに頑張っている」と見える子どもに、さらに「勉強しろ」と単純に鞭打つのは、子どもがかわいそうだと私には思われます。

50メートルを一生懸命走って8秒かかる子に、「7秒で走れ」とだけ言っても、仕方ないですよね。

（2007年2月1日号）

友達から無視された中学生

【質問】

「学校が楽しい」と話していた長女（中1）の様子が、急におかしくなったので聞いてみると、「仲良くしていた友達から無視されるようになった」ということでした。娘と仲良くしていた3人のうちリーダー格の子が、突然、話をしてくれなくなったそうです。理由が分からず悩んでいたところ、ほかの2人が「成績が下がって悩んでいた私に、○○ちゃんは『成績が上がった』とうれしそうに言った」と教えてくれたそうです。

以前のように「学校が楽しい」と話せるようになってもらいたいと思いますが、一生懸命勉強して成績が上がった娘に、友達よりも成績を上げないようにとは言えません。どうすればよいでしょうか？

【答え】　支えながらゆっくりと

ご相談の文面を読んで、ああ、中学生だなと、つくづく思いました。みんなこういう経験を積み重ねながら育っていったのですね。そういう意味では、過剰に反応すべきことではありません。同じ程度のことがまた別の友達関係で起こって、別の関係ができるのがこの時期の子どもです。特に、女の子は、そういう傾向が強く出ます。

あなたも気づいておられるように、成績が上がったということ自体は、悪いことでも何でもありません。それを親しい友達に告げることも、ある意味自然なことでしょう。大切なことは、あなたのお子さんに非はないということです。

親御さんが、その前提をしっかりもってお子さんを支えることが必要です。

その上で、相手の〇〇ちゃんもそれなりにしんどいのだということを伝えてあげてください。お子さんを受け止めたうえでそのことを伝えれば、いずれ元のさやにおさまるか、また別の人間関係ができるか、いずれかの形で解決されることだと思います。

親御さんとしては、変にもつれて、いじめに進むようなことがあるかないかを、ゆっくり見ておいてあげることが大切かと思います。ここを乗り越えるのも子どもの成長です。

（２００７年３月29日号）

よくうそをつく中学生

【質問】

長女（13歳）は何かにつけてうそをつきます。例えば、冷蔵庫に入れておいた食べ物がなくなっているので聞いてみると、「食べていない」と言い張ります。最終的にうそが判明しても、言い訳をします。怒られたらどうしようという気持ちが先行してうそをつくようにも思えるので、「正直に話せば、怒らない」と言うと「私です」と白状します。

中学生になってもうそばかりついているようでは、将来、まっとうな人間として生きていけるのだろうか心配になります。注意して直るものでしょうか？

【答え】　子どものうそは自己防衛です

大人と違い、子どものうそは、どうしても欲しいもの、したいことを我慢できない結果として、自分が叱られないようにするためにつく場合が多いようです。思慮が浅いからすぐばれるのですが、子どもにすれば、その場を逃れる自己防衛のための方法なのです。

ご質問にあるように「怒られたらどうしよう」というのはおそらくそのとおりで、お子さんは自分を守ろうとする意識が強いのではないでしょうか。それは逆に言えば、「守らないとどうなるかわからない」という自身の存在への不安があるということです。

おそらく、注意して直るようなものではありません。自分に自信ができ、周囲から愛されているという実感が生まれれば、自然に直るものだろうと思いますが、そのために親がなにをすればよいのかは、これまでのお子さんの育ちを振り返って考えてみてください。無条件に愛し、受け入れることができるのは親でしかありません。


（２００７年５月31日号）

甘えん坊で困る末娘

【質問】

12歳と10歳の息子と、4歳の娘がいます。兄たちと年齢が離れているせいか、娘がとても甘えん坊で困っています。幼稚園では活発な子で友達も多いのですが、家に帰ると私（母）のそばを片時も離れず、「抱っこ、抱っこ」と言って体当たりしてきます。このままでは娘に振り回されて、息子たちとふれあう時間や家事の時間が割かれてしまいます。どうすればよいでしょうか。

【答え】　甘えきらせるのも方法です

反抗期に向かう男の子二人と、小さい娘さん。お母さんの大変さは想像以上でしょう。

幼稚園ではなんともないということですから、もしかしたら外ではその子なりに無理をしているのかもしれません。その調整を「甘える」という形で図っているということも考えられます。

甘えられるということはその子にとって幸せなことだということを、まずおさえておきましょう。

息子さんたちはそろそろ母親を離れようとし始める時期です。母親の愛情を求めながらも、自立しようとしています。ですから、母親が末娘に手をかけても、ある程度は諦めのつく年齢かと思います。そのことを前提として考えられれば、むしろ甘えさせておくのも方法です。膝に乗せたままでお母さんの仕事をしていてもいいのです。いらいらせずにじっと抱いていれば、子どもはそのうち飽きて自分のしたいことをし始めるものです。甘えきらせることで、次の展開を期待するのも一つの方法のように思います。

今はそういう意味で、我慢のときかもしれませんね。

（2007年7月26日号）

早期教育は親の務め？

【質問】

長男の子ども（幼稚園年長と年中の男児）のことでご相談します。孫たちは幼稚園から帰ると、毎日、いろんなおけいこに通っています。孫たちが行きたいと言ってるのか、息子と嫁が無理やり行かせているのか分からないのですが、まだ早すぎるのではないかと思います。息子に聞くと、「早期教育はいいことだと思うし、小さいうちからいろんなことをさせる機会を与えてあげるのが、親の務めだ」と申します。私はそんな必要はないと思うのですが、いかがでしょうか？

【答え】　今すべきこととのバランス

親として、子どもに多様で豊かな体験をして欲しいというのは、当然のことです。そういう意味で、早期教育を一概に否定することはできません。

また、バイオリンなどは、早期に教育しないとなかなか物にならないと聞きます。ただ、例えばバイオリンの場合、幼児期に育てておかないと育たない何かが、その資質（感性や技術）の中にあるために、幼児期の教育の必要性が説かれるのではないでしょうか。それは「後からでもできることを早くからやる」ということとは違います。

そのように考えれば、子どもの育ちの過程に「今しか育たない何か」があるということが理解されます。幼児期のそれは、泥んこになったり、虫を取ったり、けんかをしたりといったことで育つものであるように思います。

結局は、早期の習い事で身につくことと「今育てておかなければならないこと」とのバランスかと思います。「早期教育」をしないと子どもがうまく育たないわけではありません。

（2007年9月20日号）

娘を甘やかしすぎる夫

【質問】

2男1女の母です。夫は、遅くできた長女（6歳）がかわいくてたまらないようで、どこへ行くにも連れて行っています。先日、専門学校生の長男が、「お父さんは、『卒業したら、地元に残らないで、好きな所へ行って自由にしたらいい』っていつも言う。妹の方がかわいいから？」と聞かれました。「そんなことないよ」と言っておきましたが、娘を甘やかしすぎる夫への批判のようにも思えました。子どもたちが不満を持たないようにするには、どうしたらよいでしょうか？

【答え】 さりげないフォローを

一般に、父親は娘に甘く、母親は息子に甘いといわれますね。そのバランスが取れていれば、それはそれである程度仕方ないことで、子どもも成長につれてそのことを受け入れるのだろうと思います。

男の子にしても、いつまでも父親にかまってもらいたいわけではありませんし、ましてや女の子は、ある時期から父親との関係を変えてくるのが普通です。女の子はいつまでも父親のアプローチを受け入れるわけではありませんよ、というところです。

「子どもたちが不満を持たないように」ということですが、子どもがかわいくない親はいないわけですから、「お父さんもあなたが小さいころは、こんなことをしていっしょに遊んでいたのよ」「父親として息子の自立を真剣に考えているのかもね」といったフォローをしてあげてはいかがでしょう。

ただ、年齢が離れていますから、息子さんの方が、いい意味でのあきらめも含めて、自分でうまく処理されるだろうとは思います。

（2007年11月15日号）

反抗的な中学生

【質問】

娘が離婚して孫娘（中2）を連れて帰りました。現在、祖父母である私たち夫婦の家で一緒に暮らしていますが、非常に反抗的で困っています。注意しても口ごたえするので、ついほっぺたをたたいてしまいます。そんな自分に嫌悪感を覚えますが、怒りを押さえ切れなくなり手が出てしまいます。「お父さんのところに帰りなさい」とまで言ってしまいます。私の3人の子どもは、あんなに反抗的でなかったのに、どうして孫は素直になれないのでしょうか。

【答え】　一番しんどいのは誰でしょう

思春期の子どもの育ちは、他からは一見順調に見えるようであっても、その中身を見てみると、結構大変です。ましてや、いろいろなご家庭の事情を抱えながらの生活ですから、なおさら、親にとっても本人にとっても、大変なことかと存じます。

この御相談の場合も、お気持ちはよく分かりますが、考えていく筋道は一つしかないのではないでしょうか。それは、「一番しんどいのは誰でしょう」ということです。

御両親の離婚がどのようないきさつかは分かりませんが、それを子どもが受け止めるには、相当の力と時間が必要です。また、子どもは、父親を否定しているわけではないかもしれません。でも今、父親を否定する大人集団の中にいるのです。

そういった子どもの状況に、どのように寄り添えるでしょうか。無条件に受け止めて、寄り添うことが出来るのは誰でしょうか。

今は、しつけを優先して叱るタイミングではないように思います。

（２００８年1月17日号）

おもらしのある小学生

【質問】

長女（小2）が5歳のとき、二女が生まれました。そのころからおもらしが始まり、小学生になった今も治りません。特に自分の思いが強いときや、思い通りにならないときにおもらしをします。妹をいじめたり、登校を嫌がったりすることもありませんが、最近、自分の物でないケシゴムやカードを持って帰ってくるので、問いただしてみると、ケロッとして「知らない」と言うのです。とにかく平然とうそをつくのには、驚いてしまいます。友達とは仲良くできていますので、その点は安心しています。娘の心の中に何か闇があるのか、それとも体が悪いのでしょうか？

【答え】　頑張りきれないときもあります

下のお子さんが生まれたころからおもらしが始まったということですから、軽々には言えませんが、「体が悪い」ということではない様に思われます。

上の子にとって、弟妹ができるということは、楽しみにして可愛がるという面もありますが、ひとりの子どもとしては、人生最大のライバルが出現したということでもあります。その動揺が、指しゃぶり、チック、吃音などの形ではなく、「おもらし」、またその延長線上の「うそ」という形で現れているのでしょう。

妹や友達との関係に問題がないというのは、おそらく賢い子どもさんで、分かっていて必死に頑張っているのではないでしょうか。しかし、人間、頑張りきれないとき、我慢できないときもあるのです。「自分の思いが強いとき」というのは、そのときのように思われます。

お母さんが手が離せないときはお父さんと遊ぶ、おばあちゃんに甘えられるなど、誰かがしっかりと自分を受け入れてくれているという感覚があるかどうか、確かめてみたいところです。


（２００８年３月27日号）

勉強に向かわない5年生

【質問】

小学5年生の息子は、学校から帰るとすぐ遊びに出掛けてしまい、机に向ってじっくり勉強する時間がありません。小学校高学年にもなると、内容も難しくなり、この前に行われた学校のテストでも悲惨な点数をとってきました。にもかかわらず、本人はまったく気にならない様子です。今後、新しい学習指導要領が導入され、学力重視になると聞きます。少しでも勉強の習慣を身につけさせたいのですが、何かいい方法はありませんでしょうか。

【答え】　頼もしいお子さんです

親としてのいらだちが手にとるように伝わってきます。でも、なかなか頼もしいお子さんですね。「遊べる」というのは、必要な能力です。テストの点が悪くても気にしていないというのは、それ以外に何か自信が持てるものがあるからでしょう。それも大切なことです。反対の動きをするお子さんを想像すると、それはそれで心配ではありませんか。

御心配は「勉強」ですね。一番大切なことは、学校の授業をきちんと受けているかどうかです。ここは、担任の先生と、期末懇談をきっかけにするなどして、ゆっくり話してみてください。また、宿題がどの程度出ているのかもたずねてみましょう（宿題を出すべきだと言っているわけではありません）。その上で、「宿題だけはきちんとしてから遊びに行く」ということを徹底できるかどうかが、親としての力量の問われるところです。これは親にしかできません。

新しい学習指導要領云々がありますが、気になさらないことです。ほぼ10年ごとに変わる学習指導要領で、人間の本質的な能力は左右されません。戦争中に育ってあまり勉強できなかった人たちも、社会できちんと活躍しておられます。


（２００８年6月12日号）

勉強に向かわない受験生

【質問】

中学3年生の息子のことでご相談します。夏休みも終わりに近づき、いよいよ受験生として本腰を入れなければならない時期になりました。ところが、本人はまったく勉強する気配はなく、受験生としての自覚も欠けているように思います。思い余って、「勉強しなさい」というと、「みんな勉強、勉強と口をそろえて言うけど、何のために勉強しなければならないのか」と反論してきます。親としては、気が焦るばかりで、やる気を起こさせるいい方法はないものでしょうか。

【答え】 「受験」では限界です

子どもも本当は、勉強しなくていいとは思ってはいないものです。周りから強制されるのがいやだとか、勉強のしんどさから逃げているとかいうのが、本当のところでしょう。実際、今の勉強が、「考える楽しさ」ではなく、「必要感のない知識の習得」に傾いているとすれば、その目的に疑いを持ち、しんどさが増すのも当然かもしれませんね。

逃げているだけだとすれば、親が期待するほどではなくても、時期が来ればし始めるものです。

私たち自身、なぜ勉強するのかについて、明確に意識して勉強してきたでしょうか。しなければならないものだと、漠然と思っていただけではありませんか。しなかったときどうなるかという「恐れ」だけだったということはありませんか。

「受験」は、一時的な理由にはなるにせよ、本質的な答えではありません。そのことは、子どももはもう見破っています。「受験」でなく、親御さんが本当に勉強が必要だと思われる理由をさりげなく伝える必要はありそうです。

勉強は、一つは、体を鍛えるのと同様、考える訓練のため、もう一つは、考えるための知識を得るためだと、私はやっとこの年になって考えています。


（2008年8月21日号）

休みがちな中学生

【質問】

中学1年生の息子のことについて相談します。２学期になって、朝になると、お腹や頭が痛いといって、時々学校を休むようになりました。落ち着いてくると、自室でパソコンをしたり、居間でテレビを見たりして普通に過ごします。私の問いかけにも素直に答えます。学校でいじめに遭っているのかしらとか、ひきこもりの全兆ではないかといろいろ憶測してしまいます。一時的なものとして、放っておいてもいいものでしょうか。

【答え】 **様子を振り返ってみましょう。**

中学1年、２年のころは、いわゆる疾風怒濤の時代といわれ、子どもなりに精神的にしんどい時期です。特に男の子は、声変わりなどの変化に見られるように、この時代に急激な成長を遂げます。

そういう中ですから、「なにがあっても不思議ではない」のです。夏休み明けは特に、生活の変化が大きくあらわれますから、それに適応しにくいのは当然のことです。

ただ、「一時的なものとして、放っておいてもいい」かどうかは別でしょう。夏休み中に何か変わったことはなかったでしょうか。友達とは変わらず遊んでいるでしょうか。お腹や頭が痛いというのは本当でしょうか。もし痛いとしたら、何時ごろに治まるのでしょうか（学校に行かないと決めたら治るというのであれば、不登校の兆候である可能性はあります）。

ご家族との対応は問題なさそうですから、今の時点で大事ではないと思いますが、先ほどのような視点から、お子さんの様子について振り返り、観察してみてください。その上で何か心当たりがあるようであれば、直接本人に聞くことも今の時点では可能であると思います。また、担任の先生に様子を話して相談することも検討すべきでしょう。

（２００８年10月30日号　６月12日号）

ゲーム等で起きない中学生

【質問】

中学2年生の息子のことで相談します。最近の子どもは、パソコンやウォークマン、テレビゲーム、携帯電話などを持っているのが当たり前で、息子も例外ではありません。最近、深夜までやっているようで、朝起きれません。それだけでなく、授業中や家庭学習の際も居眠りをし、成績にも影響してきました。取り上げるにも抵抗して、なかなか言うことを聞きません。どのようにすればいいでしょうか。

【答え】

いきなり一般論として言えば、「起こせない、取り上げられない親」でいらっしゃるわけで、そういった親子の関係性自体が問題だということになるのでしょう。

しかし、そう言ってしまっては実も蓋もありませんし、いろいろな事情の中でこうなっていることも事実でしょう。他人は気楽に色々言えますが、親御さんご本人が現実にはどうしようもなく悩んでおられることは間違いないところですね。

　まず分かっておかないといけないことは、お子さん自身がこのままでいいとは思ってはいないということです。その意味では、「成績にも影響し」という点が親御さんの最大の関心事であり、きちんとした生活をして欲しい理由である限りは、事態は好転しないでしょう。そんなことは、本人がいちばんよく分かっているのですから。

　分かっていながら、お子さんが現在の状況から抜け出せないのは、どういう理由によるものか、その点に共感的に寄り添う必要があります。

　問題は恐らくそう簡単なものではありません。お子さんが何か打ち込めるものを見つける、将来何かしたいことが明確になる、それを待つより他にないと思います。そのために親として何ができるかを、根気強く考えていくしかないかもしれません。


（2009年1月15日）

小学校英語活動への対応

【質問】

今春から小学校で英語学習が始まるそうですが、小学5年生になる娘は一度も英語に触れたことがありません。英語塾に通わせて、アルファベットぐらいは書けるようにしておいた方がいいのでしょうか。また、英語に興味を持つように、家庭でできることを教えてください。

【答え】　必要以上の反応はしない

小学校での英語学習は、正式には平成23年から、実際にはほとんどの小学校で今年の4月から始まります。

しかしそれは、親御さんの世代の中学の英語の開始とは決定的に違っており、時間は5、6年生の2年間、1週間で1時間ずつです。内容も、ちょっとした会話や歌などが中心で（目標に「コミュニケーション能力の素地を養う」とあります）、中学1年の英語学習が、小学5年に下りてきたというものではありません。さらに、国語や算数のような「教科」の扱いではないので、通知表に評価が出てくるわけではありません。総合的な学習の時間や道徳と同じ扱いです。

そのような実態から考えると、必要以上の反応はしないのが得策でしょう。

第一、そういう事前の学習が必要なら、小学校へ上がる前に読み書き計算ができないといけませんし、お習字、そろばん、楽器など、数えればきりがないではありませんか。みんな、鉄棒や跳び箱があるからといって体操教室に通わせているのでしょうか。

「一度も英語に触れたことがありません」というのは、親御さんの思い過ごしです。親御さん自身、注意してみてください。日常会話でもテレビでも、英語はうんざりするくらい使われていますよ。

学校で習った英語会話や歌を、お子さんが楽しそうに口に出していたら、一緒に相手になってあげるような姿勢の方が、よほど大切だと思います。少なくとも、小学校で英語嫌いを作らないことです。

（２００９年３月27日号）

自室にこもる中学3年生

【質問】

中学3年生の息子のことで相談します。このところ、2階の自室にこもりがちで、食事と入浴のときだけ下に降りてくるだけです。何か尋ねても「うるさい！」の一言です。思春期の一時的なものと思い、あまり声もかけず、見守るようにしてきましたが、5月の連休明けから学校へ行かなくなってしまいました。何かの本に登校拒否は〝学校へ行きなさい〟とあまり強く言わない方がいいと書いてあったので、そっとしていますが、内心、授業に遅れるのではないかと不安です。親としてどう対処すればいいのでしょうか。

【答え】　原因の確かめだけは

時期も時期だけに、親御さんとしては大変ご心配なことでしょうが、これまでの「見守るようにしてきた」また「学校へ行けと言わない」といったご対応は、賢明な方法をとられたと思います。

ただ、すでに「不登校」あるいは「引きこもり」の入り口の段階にあるかと思われます。そこで、とりあえず次の二つのことを考えてみてください。

一つは、親の心配が「授業に遅れるのではないか」という点にあるとすれば、その意識は捨てるということです。ご心配なのは重々わかりますが、そういった意識が解決を遅らせます。「授業に遅れる」ことよりももっと大きな問題を抱えているかもしれないのです。

その「もっと大きな問題」かどうかを確かめる事が、もう一つです。こうしろ、ああしろという意識を捨てて、なぜ学校に行かないのか、行けないのか、そこを確かめるのは、親として当然なのではないでしょうか。もしかしたら、お子さんもだれかに聞いてほしいと思っているかもしれません。本人が話さなければ、学校の先生や友達と話をされてみてはいかがでしょうか。

その上で、必要ならばしかるべき相談窓口にご相談なさることをお勧めします。

（２００９年６月11日号）

夏休み明けの受験生

【質問】
夏休みも終わりに近づき、2学期がスタートすると、中学3年生の息子はいよいよ受験勉強に本腰を入れなくてはなりません。ところが、本人は受験の実感が全くないようで、夏休みも受験生らしい勉強はほとんどしておりませんし、テレビやゲームに毎日のように興じています。1学期の3者面談では、志望校にもうひと踏ん張りという先生のお言葉。これから、親としてどう対処していけばいいか教えてください。

【答え】 毎日の小さな目標を

人は変わっても、毎年繰り返される悩みですね。親としては、部活も終わり、いよいよ勉強に本腰を入れてほしいと思うところです。しかし、考えてみれば、親が期待する以上に勉強する子どもがどのくらいいるでしょうか。親であるあなた自身がいかがでしたか。親の期待以上に勉強する子どもであれば、それはそれで、親として全く悩みがないというわけでもないかもしれません。「志望校にもうひと踏ん張り」という今の状況は、ある意味、普通の状況です。

勉強に向かわないのには、いろいろな理由が考えられます。

○　部活の余韻に浸って、意識が切り替えられない。

○　友達など周囲の雰囲気が受験モードになっていない。

○　兄・姉の受験の様子を見ていない。

○　志望（将来像）が明確でない。

　そのように見れば、特効薬はないと考えた方がいいでしょう。しかし、「さりげなく自分の受験の話をする」「将来の希望（職業等）について話し合う」などのことは、やってみる価値はあります。また「今日から1日問題集2ページ」など、毎日の小さな目標を立てさせることがよいでしょう。「12月までにこの問題集をあげる」では駄目です。具体的な毎日の課題による習慣化が必要です。

（２００９年8月20日号）

親離れしない小学1年生

【質問】

小学1年生の娘のことで悩んでいます。家では私について離れず、お友達と遊びたがりません。私と一緒なら遊びに出かけるのですが、「クラスの子と遊んできたら」と言っても出かけません。このまま様子を見ていていいものなのか…。一体どうしたら親離れするのでしょう。

【答え】　一緒に十分遊んでいますか

親離れをしなければしないで心配になり、しかし本当に親から離れてしまえばそれなりに寂しいのも母親でしょう。いずれは親から離れていくのだからと、お子さんとべったりの時間を楽しもうと考えるのも、一つの方法のようには思います。

また、学校で友達と遊んでいるならば、いずれ3年生くらいになると社会性の発達の節目になり、友達との関係も変わってきますから、それまでゆっくりと待つのも一つの方法でしょう。

もし、小学校になってからお母さんにくっつくようになったというのであれば、学校の友達とうまくいっていないということは考えられますから、先生や話ができる親御さんに様子を聞いてみることが必要かもしれません。

小さいころからずっとそうだということであれば「お母さんと一緒にいたい」という理由は何でしょうか。

ここで少し考えて欲しいのは、お母さんと十分に遊んで満足しているかということです。これはおもちゃでも一緒ですが、子どもは遊びきって満足すれば次の何かを求めるものです。

親が自分を切り離したがっていると子どもが感じたら、子どもは当然離れたがらなくなります。お子さんが満足するまで遊んであげるというのも、逆に今のお子さんにとっては必要なことかもしれません。

（２００９年10月29日号）

忘れ物の多い4年生

【質問】

小学校4年生の息子のことで相談です。忘れ物が多くて困っています。ノートや教科書、お道具類を持って行くのを忘れたり、宿題があるのに持って帰るのを忘れたりします。ランドセルを忘れて帰ってきたこともあります。どうすれば忘れ物をしなくなるでしょうか。

【答え】 親子一緒に確認を

なかなか頼もしいお子さんです。物にこだわらない、ものに動じないところは、将来大物になる資質かもしれません。これは決してふざけて言っているのではありません。そういう見方もできると言っているのです。

さらに言えば、その逆のお子さんよりは、これからも楽しく生きていくことができるという見方もあるかもしれません。

親御さんとしてはお困りでしょうが、まずそういう見方もあるということを胸に落ち着かせてください。

このくらいの年齢までは、他者との関係を複雑に配慮することはできにくいですから、一つのことを考えているときはほかのことに頭が回らないのです。一つのことに没頭できる子どもだという見方もできます。おそらく、少しずつは落ち着いてくるはずのものです。

その上で、具体的に何ができるでしょう。

とりあえずは、明日の時間割をそろえることを、一緒にやってあげてください。大切なことなんだということが分かるように、時間をかけて丁寧に。そして親子で楽しく。

「丁寧に、楽しく」は難しいことかもしれませんが、外出前など、いろいろな場面でのそういう積み重ねをしていくことが、今は大切だと思います。

ただし、「やってもらえる」と思わせてしまってはいけません。自分がやるべきことを手伝ってもらっている、という意識づけも大切です。

（2010年1月14日号）

マイナス思考の子ども

【質問】

小学5年生の娘のことで相談です。マイナス思考で口癖が「無理、できない」なのです。できそうにないと思うとチャレンジもしないでやめてしまいます。そして、言い訳ばかり。前向きに努力してほしいのですが、どうすればよいのでしょう。

【答え】　要求せずほめて

親としてはこんな子どもであってほしいという願いはありながら、なかなかそのようにはいかないのが子育てです。いらいらするお気持ちはよくわかります。

大人でもですが、人間を、「A　好奇心旺盛で何でもやってみる人」「B　必要なことは着実にこなせる人」「C　引っ込み思案で自分からは動きにくい人」のように分けてみることはできそうです。Aの人から見れば、Cの人は頼りない気がするかもしれませんが、Cの人から見れば、Aの人は危なっかしくて仕方ないと見えるかもしれません。限度はあるかもしれませんが、それは個性です。

親としてAの立場をよしとしてお子さんを見ているということはないでしょうか。親の感覚で「これくらいはやってほしい」と押し付けているところはないでしょうか。「無理、できない」は、そういう大人への抗議の態度だということはないでしょうか。逆に、何も言わなかったら本当にお子さんは何もしないのでしょうか。

できそうにないことをしたくないのは、当然の心理です。もしかしたら、失敗を恐れる気持ちが強いのかもしれません。失敗したときに救済してもらえる感覚が育っていないのかもしれません。少なくとも、自信に満ちているわけではなさそうです。

やりたいことをやらせてやって、ささいなことでもほめてやるようにすれば、少し何かやってみようという気持ちになっていくかもしれませんね。

（２０１０年3月11日号）

「俳句甲子園」と「学校教育」

「俳句甲子園」と「学校教育」

はじめに

「俳句甲子園」に出場しようとする高校生たちは、部活動のような形をとっているか否かは別として、学校という場で日常的な俳句創作を行っているのが現状・実情である。だとすれば、これは明確に「学校教育の一環」である。しかし一方、俳句の専門世界から見れば、「高校生世代が俳句を創っている」ということでしかないのかもしれない。

では、「結社」で俳句を創るのと、「俳句甲子園」を目指して俳句を創るのは、どこがどう違うのか。そこのところを明確にすることで、高校生にとっての「俳句甲子園」の意義も見えてくるのではないか。

ここでは、「教育」あるいは「国語教育」の立場から、俳句甲子園を見てみることとする。

一　「俳句甲子園」とのかかわり

はじめに、私と「俳句甲子園」とのかかわりについて、簡単に述べておく。

私は俳句の専門家でも俳人でもない。大学で国語教育学を専門としている人間である。俳人の坪内稔典氏と、妙な仕事のつながりがあったことから、俳人の夏井いつき氏を御紹介いただいた。そのころ、夏井氏は新進の俳人であり、俳句の普及に並々でない情熱をもって活動していた。私は、他の人同様に、氏の人間的魅力にひかれ、また、世界観も感覚も共有できるものがあると感じて、氏の活動を見ていたつもりである。一緒に子どもたちの前に立ったこともあるし、たくさんの先生の前に立ったこともある。

そういう中で、「俳句甲子園」の構想が語られた。素晴らしいことだと感じながら、実現を危ぶむ気持ちもあったが、それを何とかしてしまうのが夏井氏のすごいところである。知らないうちに、「第一回俳句甲子園」が企画され、その審査員になれとの指令が来た。素人でいいのかと尋ねたら、俳句甲子園は高校生のイベントであるし、審査の基準に俳句についての「ディベート」もあるから、俳句を専門にやる人ばかりでなくてもいいとのことだったように記憶している。ただし、一応付け加えれば、私も国語教育の世界に身を置くものであるから、子規も山頭火も知らないというものではないし、鑑賞のいくらかのノウハウは身につけているつもりではある。

その第一回の俳句甲子園以来今日まで、私は「俳句の専門家ではない審査員」として参加させていただいている。

第一回は、参加校数も少なく、今考えればレベルも決して高くはなかった。五・七・五であればいいというものではない、と言いたくなるようなものもあった。ただ、俳句という武器で「戦う」高校生の真剣さはすごいものがあり、私はこの企画の意義を十分に感じることができた。

第二回に向けては、いろいろと紆余曲折があったが、当時の文部大臣の有馬朗人氏が、ご自身が俳人であるところからか理解を示してくださり、「俳句甲子園に期待する」というあいさつ文を寄せていただいたりして、なんとか第二回にこぎつけることができた。それ以降は、関係者の努力が確実に実を結んで、今日に至っていると言える。

二　学校教育から見た俳句甲子園

周知のとおり、これまで国語科学習では、俳句を創作することは学習内容として制度的に位置づけられてこなかった。

新しい学習指導要領（平成二十一年）では、「創作」が文言として加えられたので、今後は国語科学習の中で創作指導が行われることになるが、創作は「俳句」と限定されているわけではないので、必ず俳句創作が行われるとは限らない。また、実態として、現在の高校国語科現場が、創作に時間を割くようなゆとりがあるかどうかは疑わしい。さらに、韻文が、指導の難しさや入試への対応の問題から敬遠される傾向があることを考えると、俳句の創作が国語科授業で行われることに、実態としては大きな期待はできないところである。

逆に、これまで、学習指導要領に位置づけられていないからと言って、創作が行われてこなかったわけではない。それは、

・創作によって鑑賞に資する。

・ことばの用い方の工夫を通して、言語感覚を豊かにする。

といったねらいで行われてきたと考えられる。俳句を創ること自体は目的化されてこなかった。

そういった意味では、俳句、また俳句甲子園は、国語科学習ではなく、部活動などの課外活動として位置づけられる側面が強い。体育でいう卓球や弓道と同じように考えてもよいのかもしれない。とすれば、俳句甲子園に出場する高校生たちが、俳句部・文芸部といった母体を持っているか否かにかかわらず、「部活動的」な活動として参加していることになる。

五人の「選手」が、チームを組んで俳句で戦う。その姿の真剣さは、見てのとおりである。いったい今の高校生たちが、普段の学校生活でどれだけ本気になることができるのだろう。どれだけ自ら進んで何かをすることができるのだろう。そういう疑問を持って彼らの戦いを見れば、そこにまさに若者の、青春の発露があることに気づく。それは、サッカーに明け暮れたり、演劇に打ち込んだりする高校生の姿と、本質的に変わるものではない。

私は以前に、地元愛媛新聞に次のように記したことがある。

「いまどきの高校生が、腹が膨れるわけでも小遣いになるでもなく、大学入試の科目にもない「俳句」で、あんなにも必死になること自体、信じがたいことではないか。

そもそも、普通の高校生が、本気になって涙を流すような光景がどれほどあるのだろう。少なくとも、それがあるのは、「打ち込んだこと・もの」があるからである。〈中略〉負けて涙を流すのは、本気になってやってきた者たちである。苦しい場面を経てきた者たちである。指導者としては、子どもが涙を流すような状況になったこと自体が、彼らの充実と成長の証だと考える。」

俳句甲子園を学校教育の一場面としてとらえたとき、その意義は、これまでのこういった戦いの白熱ぶりが証明するであろう。また、チームゲームでありながら、結局は自分が作った一句が勝負の場にさらされるという点では、剣道や柔道の団体戦のような様相を呈する。チームとしての勝ち負けは全員の問題だが、それは、一人一人の勝ち負けの集積でしかない。俳句甲子園は少なくとも「勝負」を持ち込むことによって、高校生に「本気になる」「必死になる」という体験を保障した。

特に、高校教育から見れば、体育系ではなく、文科系の活動を振興するという意味合いも大きい。演劇部や音楽関係の活動のように、対外的な活動の場が与えられているものもあるが、例えば美術部などは、展覧会などを行うにしても地味であるし、茶道部・生物部などのように、そもそも対外的な活動が少ない部活動もある。

そういう意味では、日ごろの地道な活動の集大成の場としての俳句甲子園は、ある意味特異な存在と言えるかもしれない。

さらに、全国の高校生の交流場面としてみた場合も、「全国」を視野に入れてしまったこの生徒たちの中に広がる世界は、きわめて大きいと言わざるを得まい。

俳句甲子園は、高校生の青春の発露の場、成長の場として立派に教育的に機能している。毎年相当数の「俳句甲子園卒業生」が帰ってきて、ボランティアスタッフとして活動していることは、その証明であろう。

三　国語教育から見た俳句甲子園

俳句甲子園を、「ことばの教育」としての国語教育から見たときにどうであろうか。

1　俳句という文化への親しみ

俳句がひとつの文化として捉えられることは言うまでもないが、俳句甲子園はいわばその文化の享受の場である。あるいは、その文化への入り口であり、育ちの場である。

俳句甲子園では、お互いの句の披講の後、ディベートが行われる。このディベートを聞いていれば気付くことだが、その内容は、

「季語が重なっている」

「中七の字余りで緩んでいる」

「切れ字が生きていない」

「取り合わせがつきすぎている」

など、俳句の心得的な事柄が頻発する。それはすなわち、生徒たちが、俳句の約束事も含めてその文化の中に入って行っているということである。そして当然、この「俳句について知って

いる」状態は、なかなか国語科の授業の中だけで身に付けられるようなレベルではない。

子どもたちの育ちとして、俳句にせよ、詩や小説にせよ、そういった文化に親しむということが求められているとするならば、あるいはそれが、国語教育の一つの目的に数えられるならば、俳句甲子園はそれを具現化する場であるということはできる。

俳句甲子園生みの親、夏井いつき氏は、俳句を若者に届けることにもっとも熱心な俳人であると思われるが、俳句甲子園はその象徴的存在であり、夏井氏が願うように、「俳人の登竜門」として機能しつつある。それは、すでに森川大和、神野紗希、佐藤文香など、俳句を志す優れた若者を輩出していることからも明らかである。

俳句甲子園は、高校野球がそうであるように、若者の俳句への本格的な入り口として今後も機能していくことであろう。

2　ことばの育ち

俳句を創るという行為が、先にも述べた「ことばの用い方の工夫を通して、言語感覚を豊かにする」という形で国語教育のねらいに沿うことについては、異論はなかろう。文言としてはいろいろ説明できるけれども、俳句を創ることがことばの学びにつながるという点では一致するはずである。

まずこの点を確認しておきたい。

さらに言えば、俳句甲子園で俳句を創るという意味はどうであろうか。

俳句甲子園はチームで戦うわけであるから、当然、どの順番で句を提示していくかは、作戦上問題になる。また、一回戦は三句勝負であるから、五人が作った句のどの三句を選ぶかも問題である。つまり、どの句を選ぶか、どう並べるかというところですでに、彼らの観賞力は問われていると言ってよい。それを話し合って決めるのであるから、そこは真剣な鑑賞の場になる。そういう場が確保できるだけでも、ことばを見つめる訓練にはなっている。

また、それ以前に、自分の一句を作るときに、一人で勝手に作ってそのまま勝負にかけるということはなかろう。どの句がいいかと選ぶ前に、この句はここが不足だとか、こう直した方がいいのではないかといった話し合いがチームであるはずである。そこのところは、観客として参加しているものには見えないが、もしかしたら、チーム内のやり取りの方が本番の相手のことばより厳しいことだってあるかもしれない。俳句甲子園を目指して句を作っていれば、当然、日常の創作の鑑賞の場でも、俳句甲子園のディベートを念頭に置いた話し合いが行われているだろう。

俳句甲子園という目標のもと、日常的な、ことばを磨く訓練、話し合いの訓練が行われていると言ってよい。おそらくそれは、一般の国語の授業で現出する緊張感を越えるものがあるであろう。

俳句甲子園では、それがさらに、審査員の審査と講評という形で、認識のステップアップが図られる。

ことばの力が衰えたといわれる若者、高校生が、自分のことばを見つめ、磨き、ことばで戦うという姿自体に、高校生のことばの育ちとして代えがたいものがあることは指摘しておきたい。あの場ほど、高校生が真剣にことばと格闘する場があるであろうか。そういう意味では、単に俳句を投句して優劣のみを判断されるのではなく、そこで討論し、審査員に批評されるというスタイルの教育的意義は大きい。討論によってことばが育てられ、俳句世界に入っていくという側面は捨てがたいものである。

そのように考えれば、俳句甲子園の「勝負」についての根強い批判は、少なくとも国語教育の立場からは当たらないと考えられる。

3　発達の問題

「教育」の大きな視点は「発達」である。発達という視点から俳句甲子園を見たとき、私のような素人からは、「高校生なのだからこれでいいじゃないか」と思われるようなことがないではない。

典型的には「月並み」として排除される句である。未熟な高校生が句を創れば「大人から見れば見なれた表現だけれども、子ども本人とすれば新しい発見だ」ということはないでもない。たとえば、

鶏頭や鮮やかすぎる吸血鬼　　京都・田中健介

という句は、鶏頭の色の異様な印象を「吸血鬼」と見立てたことに作者は満足していると思われる。高校生としては、「鶏頭」はおそらく日常ではない。それを「吸血鬼」と見立てることは、彼にとっては「発見」なのである。ただ、鶏頭を見なれている大人の目で言えば、吸血鬼という見立てがそれほど新鮮には思われない。この句は、三対〇で敗退している。

この句が敗退していることを問題にしているのではない。ただ、この作者にとっての実感・発見であったということは認めたうえで、判定なり講評なりが行われるべきではないかと考えるのである。

この句を「新鮮味に欠ける」と批評することはやさしいが、そうではなく、何が足りないのか、どういう鶏頭との向き合い方をすればよいのかというところを教えてやってほしいと思う（その場で審査員がそういう配慮をしなかったということではない）。それは、詩的なものの見

方を教えることである。「発達」として見るというのは、そういうことである。国語教育の立場から言えば、「月並みではあっても、その子なりの発見があるもの」は大切にしたい。ただし、実感のない月並みが排除されるのは当然である。

逆に、実感の有無を突き抜けて、創作として成立している、たとえば、

カンバスの余白八月十五日　　愛媛・神野紗希

などは、本来創作というものはこういうものであろうと思わされる作品である。

しかし、実際には、ことばの操作だけで面白がっていると思われるものもあり、国語教育の立場からは好ましいものとは思われないが、意外と「玄人」の審査員にはそれも評価されるように感じるのは、気のせいであろうか。

おわりに

結社には参加できない高校生が、俳句甲子園であれば俳句に親しむことができる。それは素

晴らしいことである。高校生だから、というところを、もう少し突き詰めて考えることも、今後無意味ではないのではないかという思いで記した。今後の俳句甲子園のさらなる発展を祈るばかりである。

三輪田米山の魅惑

魅力と魅惑

米山顕彰会は二〇〇七年二月四日に発足し、二〇〇八年、米山の没後百年を記念して、「米山没後百年展」を椿神社で開催した。十六日間の会期（会期十一月二十九日から十二月十四日まで）に、約五千人の来場者を得たことは、大きな喜びであった。同時に、同展を、愛媛大学図書館でも共同開催し、愛媛大学でのシンポジウムには、およそ三百人の来場者が会場にあふれた。

私たちは、米山のファンがこんなに世の中にいるのだと、あらためて認識させられたことである。

同展に合わせて、米山顕彰会では、展覧会の図録に代えて、『米山の魅惑』（米山顕彰会編清流出版　二〇〇八）という書物を上梓した。

私は、この本の書名にずいぶん悩んだ。コンセプトとしては、「米山　その書と人」くらいがぴったりするが、故浅海蘇山先生（元愛媛大学教育学部教授）の名著『米山　人と書』（墨美社　一九六九）があり、あまりに同じになる。最終的に「米山の魅力」か「米山の魅惑」ということにして考えた。

結局『米山の魅惑』に落ち着いて、その書名は少し言葉としては破格なのだが、それでもあえてそうしたのは、米山が「魅力」と言うには余りに「魅惑」的だということによる。

米山の書は、我々をひきつけてやまない。それはストレートに素晴らしいというようなものではなく、何かこちらを惑わすような要素を持っていると思うのである。

へんてこな字

私自身、初めはへんてこな字だなと感じていた。はっきりした記憶ではないのだが、米山のことを知らない時期に、日尾八幡神社の前を偶然通り、そのときに、その注連石の「鳥舞魚躍」の字を見て、なんだこの変な字は、と思った記憶がある。恥ずかしい話だが、特に「舞」の字は、そのとき稚拙だとさえ感じたように思う。

その後、大学研究室で、当時の書道の教授、冨田一抱先生（故人）に米山のことを教わり、その後任の菊川國夫先生にいろいろ話を伺って、目が覚めた。というより、きれいな字は飽きるかもしれないが、このような個性的な字は、見れば見るほど病みつきになっていくものだということである。

米山が好きな人は、二通りの道を歩いているようである。

私のように、初めは変な字だと思っていたが、だんだん病みつきになっていくタイプ。もう一つのタイプは、絵手紙の小池邦夫先生のように、一目会ったその日から恋の花が開くタイプである。おそらく、後者の小池先生タイプの方が、書も芸術も理解できる、感性鋭いタイプなのであろう。

「米山」という私の病気を決定的にしたのは、伊予豆比古命神社の注連石「龍游鳳舞」を見たときである。すごいと思った。まねできないと思った。

私は書家ではないからうかつなことは言えないが、例えば、いわゆる流麗な字は、頑張って訓練練習すれば少なくとも近づいていくことはできるのではないかという気がする。しかし、米山の作品には、どう転んでも近付けない、まねができないという思いが強い。

米山のどこがいいのですか、と人に聞かれることがあるが、私は今のように、「頑張って練習すれば近付けるという字ではなく、どう転んでもまねができない、一つステージの違う境地にある書だと思うから」という風に答えることにしている。

地域の書

米山の書が、少なくとも素人には初め奇異なものに見えることがあるということは否定できない。伊予久米の子どもたちの間でも、「ミミズがのたくる」というような揶揄があったという話もある。

私が驚くのは、そういう米山の字を、当時の伊予の人たちが受け入れ、求めたということである。

かの明月上人の流れがあり、同時代では日下伯巌、武智五友らが評価されている伊予の地である。それらの書家とは別に、米山には独特の地域での受け入れられ方がある。

現実には、米山の書は、ある地域にはいくらでもあったようである。納屋に放り込んで置いたらネズミに食われていたとか、一抱えもあったので燃やしてしまったといった話はよく聞く。涙が出そうな話であるが、それほどに、米山に書いてもらっていたのである。

家に招いて、お酒でもてなし、お酒が回ってくるまで墨を家人にすらせ、やっと米山が筆を持ったといった話もよく聞く。

また、言うまでもなく、伊予一円にある神社の注連石《しめいし》等の揮毫のおびただしさ。

これらはつまるところ、当時の伊予の地の人たちが、米山の書のすばらしさを認識していたということである。一見「へんてこな字」をきちんと評価する伊予の文化の質の高さに驚くほかはない。

俗臭のなさ

米山作品のどこがいいのかという議論は、専門的にはさまざまな説明ができるのだろうが、私は、「俗臭のなさ」は一つの答えだと思っている。

時々書展を見せていただくが、うまいなあと思うことは多い。もちろんとてもまねはできないと思うことも多い。しかしときに、どうだ実にうまく書いただろうというような感じを受けることもあり、そういう「いかにもうまく書きました」という匂い（俗臭）がするものは、実はあまり好きではない。

そういった受け止め方は、たとえば良寛の作品を見たときの感じと比べると、その違いがよくわかる。良寛の作品には、きれいに書こうとか、うまく書いてやろうとかいった意識が感じられない。見ようによっては稚拙とも感じられるような姿だ。なぜこんなに普通に筆を運べるのだろうかと思うことの方が多い。それでいて、心を揺さぶられる。理屈抜きで心を委ねることができる。

米山の作品は、「いかにもうまく書きました」というところがない。全く自然である。そういう意味では、良寛に通ずる。しかし、あくまでも個人の感覚にすぎないが、良寛の落ち着きとは違う、何か心騒ぎを感じさせるところがないか。

すっと落ち着くというよりも、ドンと突き動かされるような何か。何となく体を動かしてしまうような迫力。

私は慈雲の書も好きで、慈雲はなにか「ううーっ」とお腹に力が入るような引き込まれ方をするところがあり、そういう点では、米山は慈雲と良寛の間に位置するような感覚である。あるいは、漢字作品は慈雲に近く、仮名作品は良寛に近いということになるかもしれない。特に仮名は、その創作の精神において良寛にきわめて近いものがあるような気がする。

これらはあくまでも私個人の感覚であり、好みである。

脱字

良寛にも米山にも、脱字が多い。あまりそんな事を気にしていないのだろうか。書家において脱字があるというのはどういうことなのであろう。

素人であれば、慣れていないからつい忘れた、丁寧に書いているうちに逆にわからなくなったなど、いろいろ考えられるが、少なくとも近・現代の書展などでは、脱字は許されないのではないか。

当時の良寛や米山の時代の書は、日常的な修練によって鍛えられた技術を、その場で発揮するような書き方だったから、少なくとも現代の書のように、何百枚を書いて、一枚を作品として残すような書き方はしていないと思われる。そうだとすれば、脱字も了解はできる。

ただ、一方で、誤字だの脱字だの、そういうことに気持ちを向けるのではなく、書きたい言葉を無心に書く、自由に書く、そのために結果としてときに脱字が生じると考えた方がいいのかもしれない。

物語として語るのにはその方が面白い。

付け加えれば、米山の字の中には、素人が誤字ではないかと思っても、きちんと古典を踏まえた文字である場合がほとんどであるので、うかつな判断は禁物である。

酒

三輪田米山といえば「酒」である。

酒にまつわる話はいくらでもある。

斗酒なお辞せず、酔いつぶれて自分で体を維持できないから、人に腰を抱えてもらって書いた、といったたぐいの話である。米山自社である日尾八幡神社の碑文には、「八十八歳で歿するまで、酒と書を愛し続けた」と刻んである。「大酒を飲んで書いた」という言葉がそのまま米山の枕詞になっているようである。それは一面の真実であろう。

しかし、例えば神官である米山が、また、変わり者といわれるくらい謹厳実直であったとされる米山が、神社の注連石などを、酒を飲んだあげく、酔い潰れて書いたであろうか。私にはそうは思われない。むしろ、米山は、酒によって語られすぎているのではないかとさえ思われる。

一方、いろいろな伝説が生まれるくらい、米山が酒を飲んだことはまた事実である。米山はなぜそこまで飲んだのか。

言うまでもなく、米山は「論語」「孟子」など中国古典や「万葉集」「古今和歌集」など広範にわたってよく勉強した人である。米山が書いた古典和歌は、浅海蘇山の『米山　人と書』によれば、「万葉集」「古今和歌集」に限定しても一四六首が数えられている。

また書については、王羲之をはじめとする書の古典を深く学んだ人である。法帖である『淳化閣帖』を数百回手習いしたという記述もあり、一日に樽桶一杯の水がなくなるまで書の練習をしたという話もある。

しかし、書の古典を深く学んだからこそ、それにとらわれるということはないか。

米山は、小手先の技術にとらわれることを嫌ったのではないか。俗臭から離れ、本当に自分の中にしみこんだ、自分自身となった筆法だけを頼りとし、自分独自の書をなそうとしたのではないか。そして、すべてから解放され我を忘れるような境地に至るために、酒の力を必要としたのではないか。

そういう超脱の境地を求めたのは、米山が神に仕える身であることと無関係ではあるまい。あるいは、久米の地に閉じ込められた身でも、書においては世界と伍することができるという米山の自負が、そこまでの境地を要求したのかもしれない。

神の境地

米山と酒のことを考えるとき、私は決まって張旭のことが頭をかすめる。

張旭は、昔の中国の書家である。いつ生まれていつ死んだかさえ定かではないらしい。大酒飲みの八人の芸術家を詠った杜甫の「飲中八仙歌」にも、李白の「李白は一斗、詩百篇」と並んで、「張旭は三杯にして草聖と伝う」と詠われているくらいだから、よほどの大酒飲みである。張旭は「狂草」と言われるくらい、奔放な書風の人であるが、へべれけになった挙げ句、訳のわからないことを叫びまわって書いたり、頭髪を墨に浸して書いたりもしたという。そして酔いがさめると、自分の書いたものを見て「この書には神が宿っているから、もう二度と書けない」と満足していたと伝えられる。

私はその道の人間ではないから、米山と張旭を比較することはできないし、そのつもりもない。しかし、話としては面白い。

張旭は「神が宿った」という。張旭が酒によって、あるいは酒の力を借りて至った一つの境地を遠景に、米山の酒を重ねてみれば、そうかけ離れたものでもないかもしれないとは思う。「無酒にて認《したた》めし故、いつもほど出来よろしからず」(明治十九年四月日記、六六歳)は、本音のところだったかもしれない。

とんぼうや

米山は、短歌については自作も含め膨大な数の作品を書として残しているが、俳句については、その種類は限られている。浅海蘇山『米山　人と書』にも、作品題材としてわずかに十句を認めるに過ぎない。一番よく書いていると思われるのは「これはこれはとばかり花の吉野山」で、作品のバリエーションも多い。

よく書いている俳句作品の中に、

「とんぼうや飛び直しても元の枝」

というのがある。江戸時代の超波という俳人の句である。

今日的にはさして有名でもないこの句を、米山はなぜ繰り返し書いたのであろうか。

この句は、トンボが飛びたつのだがすぐ元の枝に戻るという、トンボの生態をきれいに写し取ったものである。非常にシンプルな句であるが、飛びたとうと思うのだが飛びたちきれない、どうどうめぐりする人間の姿を寓意していると読むこともできる。

「とんぼと同じ、堂々めぐりの自嘲」を、米山に当てはめて考えることには、それほどの無理はあるまい。自身も一度は勤王の士を志して京に上った米山である。しかしそれは、弟元綱の起こした、足利将軍三代の木像の首をさらしたいわゆる「木像梟首事件」を境に頓挫する。米山は長男であり、そのまま伊予久米村に神官として果てた。米山はそういう思いを、この「とんぼうや」という句に託したのではないか。

しかし逆に、その志の果たせぬことを突きつけられたからこそ、米山は書に没入したとも考えられる。それは、留めかねる思いを書にぶつけて紛らわせたと言うこともできようし、鄙《ひな》にいても、書であれば世界と伍することができるのではないかという、米山の自負が書に向かわせたと言うこともできよう。

私自身は今、後者の解釈に傾いている。だからこそ、書に没入もしたし、酒の力を借りて忘我の境にさまようことで、自分独自の書のありようを求めようとしたのではないか。

米山書の魅力は、神のような超脱、超俗の境地にあるエネルギーである。

文学講座から

井伏鱒二「へんろう宿」

「へんろう宿」は、昭和十五年四月、『オール読物』に発表された小品であり、「全作品を通じて最高傑作のひとつ」（河上徹太郎）「屈指の名作」（河盛好蔵）などと評価されるものである。作品は、偶然泊った高知安芸のへんろう宿での一晩を描いたものであるが、そこには事件らしい事件は起こらない。ただ、八十歳をかしらに五人の女が切り盛りしているその宿の様子が描かれるばかりである。「私」は、その女たちの境遇を、隣の部屋の会話から知るのであるが、驚いたことに、その宿の女たちは皆、遍路の捨て子がそのまま居ついたもので、代々昔からそうだという。

井伏鱒二本人は、次のように述べている。

「「へんろう宿」は土佐の宿屋で書いた。〈中略〉「へんろう宿」という宿は見なかったが、遍路の泊る木賃宿はバスで通りがかりに見た。私はその木賃宿に泊ったものと仮定して、この短編を書いた」

井伏は実際に泊ってはおらず、話はすべて想像であるのだが、作品の描写には、例えば次のようなものがある。

「奥の部屋へ行くためには、その上り口の居間を通りぬける必要があった。おまけにその狭い部屋にはお膳や飯櫃が並べてあったので、私は火鉢や硯箱をまたいで通りぬけなければならなかった」

「そんなら、おやすみなさいませ。ええ夢でも御覧なさいませ、百石積みの宝船の夢でも見たがよござ いますろう」

これらの情景や会話を、想像で構築するところは、井伏が作家たるゆえんであろう。さらにいえば、井伏は、実際に泊ったこともない「へんろう宿」を、五人の遍路の捨て子の女たちが居ついて切り盛りしている宿、としたのである。このイメージは、どのようにして形成されたのであろうか。

「私」は、宿の梁に張られた千社札のようなものから「こんな薄ぎたない宿に泊った人にさえも、成就したい大願があるものと思われた」と述懐する。遍路がもつ大願は、大金持ちになろうなどといったゼロから大きなプラスに進む願いではなく、病の平癒や、自身の懊悩からの脱出など、マイナスからゼロに近づくという日常の生活の中のやむにやまれぬ願いであろう。そういった願いを胸に入れて遍路しながら、子どもを捨てざるを得ないところに追い込まれる者もいる。そういった、あえて言えば薄幸の生のありようを、遍路、へんろう宿のイメージとしたのではないか。

五人の女たちは、自分の運命を受け入れ、親を捜すこともせず、嫁ぎもせず、この宿で一生を終えることになっているという。そしてそれが代々続いている。ここに描かれるのは、運命に抗って生きる姿でもなく、運命としてあきらめて生きる姿でもない。ただ、時間の悠久な流れの中に自然と身をゆだねて生きる姿である。巨視的に見れば、人類は本来そのように生きてきたのかもしれない。

そういう生の姿は、過酷な北国のイメージではなく、こだわらず奔放な南国のイメージである。また、「遍路」という文化抜きには喚起されないイメージでもある。この南四国という風土こそが、「へんろう宿」の作品世界のイメージをこれほどまで明確に井伏に喚起したのではあるまいか。

久保喬の世界　―宇和島と太宰と―

久保喬（本名　隆一郎）は、大正十三年に宇和島で生まれ、平成十年に没した児童文学作家である。戦後の主な作品に『ビルの山ねこ』（小学館文学賞）『赤い帆の舟』（日本児童文学者協会賞）『火の海の貝』などがあり、作品には海を扱ったものが多い。その海のイメージは、言うまでもなく美しい宇和海である。

代表作の一つ『赤い帆の舟』は七つの話からなる連作短編集である。その第一話「赤い帆の舟」は、島でいちばんの腕利きの漁師勘兵衛の話である。勘兵衛はいつも、気候の変化を見て、赤い帆を揚げて仲間の舟に危険を知らせていたが、その命を守る慎重さを「臆病」という者もあった。が、領主の圧政に耐えかねた漁師達の一揆に肩入れし、最も危険な連絡役を自ら引き受けたのは勘兵衛だった。役人に追われる身になりながらも、危険を知らせる赤い帆を揚げた勘兵衛は、見つかって撃ち殺されてしまう。

久保は、民話に漁村や漁民が出てくる者が少ないこと、原話があるわけではないこと、漁村を歴史的な見方で書いてみたかったこと、などを「後書き」に記しており、第七話は現代の赤潮の話で閉じられている。

大西伝一郎は「久保氏が作家生活において、自らの考えを貫き通されたのは、少年時代に、漁港の町で、漁師の暮らしぶりをつぶさに見聞していたからだろう」と述べている。漁師の暮らしぶりのみならず、宇和海の風土そのものが、多くの作品のベースになっていることは疑いない。久保喬はまさに、「宇和島」を精神の真ん中においていたと言えるであろう。

実は久保の文学者としての出発は詩であり、小説であった。昭和の初め、文学を志して上京し、川端康成や太宰治の知遇を得ている。特に太宰治とは、昭和八年四月に初めて会って以来、久保からの書簡が二十七通も残される（太宰治全集参照）など、想像以上に濃密な関係が見て取れる。

久保は昭和五十八年、『太宰治の青春像　人と文学』（ロッコウブックス）を上梓した。そこには、文学を志す若者同士の文学にかける青春のほとばしりが見て取れる。

例えば久保は、太宰が「傑作一つ書いて死にたいねえ」と言ったという。五十嵐康夫によれば、そういう言葉は最も親しいといわれる檀一雄らからも語られていないという。久保と太宰がいかに心理的に近い関係であったかがうかがわれる。

また、太宰の小説「葉」には、鎌倉心中未遂（女性だけ死亡）が描かれるが、海の中で女の手を振り切ったとき、自分とは違う名を高く呼んだとある。これを久保が問いただしたところ、太宰（本名は津島）は「僕の名を呼んだよ、津島さーんと」と答えている。太宰がその場を取り繕ったのか、小説作法としての虚構なのか。本書は太宰研究の資料としても価値が高い。

作家久保喬は、宇和島を背景に生きた優れた児童文学作家であると同時に、太宰治研究のための一級の資料を残した文学者でもあった。

久保の没後建てられた、宇和島市中央公民館にある文学碑には、「海　海はいつも生きている／つうんと潮のにおいがする／生まれたてのような潮／海はいつもあたらしい」と刻んである。

あとがき

本書に採録した文章は、以下のような形で世に出たものである。

「楽しむに如かず」（愛媛県教育会『愛媛文教月報』二〇〇九年五月号巻頭言）
「四季録」（愛媛新聞　二〇〇九年一〇月から一年間）
「子育て相談」（ウイークリー　リック　二〇〇五～二〇一〇年）
「「俳句甲子園」と「学校教育」」（『俳句生活』角川書店二〇一〇年五月）
「米山の魅惑」（『三輪田米山日記を読む』創風社出版　二〇一〇）
「井伏鱒二「へんろう宿」」（愛媛新聞　二〇一一年一一月二三日）
「久保喬の世界—宇和島と太宰と—」（愛媛新聞　二〇一六年一一月一日）

採録に当たって、多少本文を修正したところがあるが、基本的にはそのままとした。

六十五歳の区切りを、たいした病気もせず、何とか無事に迎えることができた。ここまでやりたい放題、わがまま放題を許してもらってきた。その環境に、心から感謝したい。

最後になったが、本書の刊行に当たっては、創風社出版の大早友章氏に格別のご配慮をいただいた。厚く御礼申し上げる。

著者略歴
三浦和尚（みうら　かずなお）
1952 年　広島市生まれ。
1974 年　広島大学教育学部卒業。広島大学教育学部附属福山中・高等学校教諭。
1983 年　広島大学附属中・高等学校教諭。
1991 年　愛媛大学教育学部助教授。
1996 年　愛媛大学教育学部教授。
その後 2017 年までに、愛媛大学教育学部附属幼稚園長、附属小学校長、教育学部長、愛媛大学副学長等を歴任。
全国大学国語教育学会理事、日本国語教育学会理事等。

主な著書
『高等学校国語科学習指導研究』(溪水社 1992)
『中学校国語科学習指導の展開―表現活動を中心に―』(三省堂　1993)
『みてみて、せんせい』(共著　愛媛大学教育学部附属幼稚園編　青葉図書　2000)
『「話す・聞く」の実践学』(三省堂 2002)
『「読む」ことの再構築』(三省堂 2002)
『国語教室の実践知―確かな学びのための２５のキーワード』(三省堂 2006)
『俳句の授業ができる本』(夏井いつきと共著　三省堂　2011)
『三輪田米山日記を読む』(福田安典と共著　創風社出版　2011）愛媛出版文化賞受賞
『国語教育実践の基底』(三省堂　2016)　等

落穂を拾えば
―地域の一大学教員として―

2017 年 2 月 15 日 発 行　　　定価＊本体 1300 円＋税
著　者　　三浦　和尚
発行者　　大早　友章
発行所　　創風社出版
〒 791-8068 愛媛県松山市みどりヶ丘９－８
TEL.089-953-3153 FAX.089-953-3103
郵便振替 01630-7-14660 http://www.soufusha.jp/
印刷　㈱松栄印刷所　　　製本　㈱永木製本
 ISBN 978-4-86037-241-5